Das Abnehm-Kochbuch

Sven-David Müller, Almut Carlitscheck, Hubert Horn

Das Abnehm-Kochbuch

Das Einfach-Schlank-Programm

**Abnehmen ohne Hunger
Abnehmen ohne Jojo-Effekt
Abnehmen leicht gemacht**

Inhalt

Vorwort der Autoren 7

Geleitwort Prof. Dr. J. Spona 9

Einführung

Kohlenhydratarm ist nicht logisch 11

Der Glykämische Index 12

Eine Kalorie ist eine Kalorie 13

Ernährung kann gesund und krank machen! 14

Ernährung und Krankheit stehen in engem Zusammenhang 17

Richtig abnehmen – gewusst wie 17

Diäten müssen scheitern 18

Kurz und sinnlos: Ein paar Tage Diät 20

Kleine Ziele führen zum großen Erfolg 21

Jetzt geht es los: Vom Spiegel über den Vertrag
zur schlankeren Figur 22

Ohne Bewegung bewegt sich das Fett nicht weg 24

Viele Mahlzeiten können dick machen! 25

Berechnung des Gewichts / Beurteilung 26

Messen Sie den Verlauf Ihrer Körperumformung mit
der Bioelektrischen Impedanz Analyse (BIA)! 29

Die Drüsen sind selten schuld! 32

Vom Zusehen wird niemand dick! 33

Übergewicht wird auch vererbt – aber Sie können es
trotzdem bekämpfen! 34

Ein Kilogramm Körperperfekt: 5.800 bis 7.000 Kilokalorien 36

Wer Kalorien einspart, nimmt ab 38

Der menschliche Energiehaushalt 39

Die Referenzwerte für die Nährstoffzufuhr D-A-CH /
Referenzwerte der DGE, ÖGE, SGE/SVE 41

Ernährung 42

Entspannt zum Wunschgewicht 43

Praktisch kalorienfreie Lebensmittel 45

Die größten Kalorienbomben 46

10 Grundregeln, die schlank machen 47

Diätenvergleich 49

5 Schlanke Wochen 83

40 Schlanke Rezepte 145

Alltagstaugliche, einfache Tipps zum Abnehmen 187

Vorratscheck und das richtige Einkaufen 188

Essen im Alltag und sinnvolles Portionieren 189

Schlankes Frühstück 190

Schlankes Mittagessen 191

Schlankes Kochen 193

Schlank in Büros ohne Kantine 195

Schlanke Geschäftsessen 196

Schlanke Süßigkeiten 196

Schlankes Trinken 198

Schlankes Abendessen 198

Knabbern auf dem Sofa 200

Bewegung 200

Schlanke Tipps und Tricks 201

Anhang

Wichtige Adressen im Ernährungsbereich 203

Wichtige Internet-Adressen 204

Buchempfehlungen 206

Herausgeber, Impressum 207

Autoreninfo 207

Rezeptverzeichnis 209

Liebe Leserinnen und Leser,

wir freuen uns, wenn wir Ihnen mit diesem Buch viele Inspirationen für eine kreative aber einfache Schlankküche an die Hand geben. Unsere Rezepte, Ideen und Vorschläge sind alltagstauglich und alle Rezepte natürlich in der Lehrküche erprobt. Das Ernährungsverhalten in Deutschland ist von Fast Food und Fertiggerichten geprägt. In den meisten Familien wird nicht mehr gekocht, sondern nur noch aufgewärmt. Wir essen zu viel Fett und bewegen uns viel zu wenig. Unsere Kalorienbilanz stimmt nicht mehr: Wir nehmen mehr Kalorien auf, als unsere Muskeln verbrennen können. Zudem beherrscht Stress unser Leben. Übergewicht ist eine Krankheit, die auch erbliche Faktoren hat. Die Kombination aus Fehl- und Überernährung, Bewegungsmangel, Stress und einer genetischen Prädisposition führt bei immer mehr Menschen zu Übergewicht und Fettsucht (Adipositas). Mit dem Erwerb dieses Buches haben Sie einen wichtigen Schritt getan, etwas für sich und Ihren Körper zu tun.

Viele Menschen in Deutschland sind zu dick und fühlen sich nicht wohl in ihrem Körper. Sie möchten gerne eine schlankere Figur haben, fitter sein und selbstbewusster auftreten können. Dafür ist neben einer dauerhaften Ernährungsumstellung auch eine Veränderung des Umgangs mit Essen und Trinken notwendig. Die Ernährung und auch die Zubereitung davon muss im Alltag einen neuen, wichtigeren Stellenwert erhalten und sie muss Spaß machen. Eine Diät ist immer nur dann wirksam, wenn auch die Bewegung stimmt. Frei nach dem Motto „Essen und Trimmen, beides muss stimmen" brauchen viele Menschen einen bewegteren Alltag und mehr Ausdauer- und Fitness-Sport.

Sein Ernährungsverhalten umzustellen, bedeutet, viele liebgewordene, aber schädliche und dickmachende Gewohnheiten zu ändern. Das ist schwer. Einen guten Start finden Sie besser an einem Tag oder in einer Phase, in der es Ihnen gut geht, Sie entspannt sind und sich auf neue Dinge einlassen können. In stressigen Zeiten verursachen Gewohnheitsänderungen nur noch mehr überflüssigen Stress. Daher ist es wichtig und unterstützend, eine Entspannungstechnik wie das Autogene Training zu erlernen. Wussten Sie, dass eine wissenschaftliche Studie der Universität Aachen bewiesen hat, dass Autogenes Training schlank macht? Nutzen Sie diesen Effekt und melden sich zu einem entsprechenden Kurs an.

Wo wir gerade bei Anmeldung sind: Wann waren Sie das letzte Mal in einem Fitness-Center? Wir empfehlen Ihnen, bei einem in Ihrer Nähe jeden zweiten Tag das vielseitige Fitnessprogramm zu nutzen. Die meisten guten Center bieten über die üblichen Geräte hinaus spezielle Kurse für Ihre Fitness an.

Gewohnheiten zu ändern geht nicht von heute auf morgen. Lassen Sie sich Zeit und haben Sie Geduld mit sich! Neue Verhaltensweisen sind anfangs mühsamer, weil Sie mehr über sie nachdenken müssen. Aber um so hartnäckiger Sie dran bleiben und die neuen Verhaltensweisen üben, desto vertrauter und leichter werden sie. Wir geben Ihnen in diesem Abnehmkochbuch vielfältige Tipps und Hinweise für ein schlankes Leben an die Hand. Zudem haben wir für Sie ein Fünfwochen-Programm konzipiert, das Ihnen hilft, fünf bis zehn Kilogramm gesund abzunehmen. Wir haben dieses Buch aber noch um weitere schlanke Rezepte ergänzt, um Ihnen dauerhaft Inspirationen für eine schlanke Küche zu geben.

Dieses Abnehmkochbuch zeigt Ihnen, wie Sie mit dem Einfach-schlank-Programm garantiert ohne Hunger abnehmen. Mit diesem Programm lernen Sie, Ihr Verhalten umzustellen und dem Jojo-Effekt aus dem Weg zu gehen.

Machen Sie es sich leichter, indem Sie das Positive einer Ernährungsumstellung in Ihr Blickfeld rücken. Nicht Verbote, Verzicht und Ungewohntes sind wesentlich, sondern Gesundheit, Fitness, Genuss und Lebensfreude.

Viel Erfolg und eine schlanke Linie wünschen Ihnen

Ihr/e

Almut Carlitscheck
Diplom-Pädagogin

Sven-David Müller
Diätassistent

Hubert Horn
Verleger

Liebe Leserinnen und Leser,

mit besonderer Freude komme ich dem Wunsch nach, dem neuen Buch von Sven-David-Müller ein Geleitwort mit auf den Weg zu geben, da es unter den zahllosen Diät- und Ernährungsratgebern zweifellos eine herausragende Sonderstellung einnimmt.

Es ist für den Nicht-Fachmann sehr schwierig, sich im Labyrinth der diversen Ernährungsratschläge zurechtzufinden. Jeder, der sich nur ein bisschen mit dem Thema „Gesundes Körpergewicht" auseinandersetzt, ist mit einer enormen Fülle von sich teilweise sogar widersprechenden Ratschlägen konfrontiert.

Diät: dieser Begriff ist in unserer Kultur hauptsächlich negativ besetzt. Er wird gleichgesetzt mit Verzicht, Askese, Entbehrung. Der große Schauspieler Gert Fröbe brachte es auf den Punkt: „Das erste, was ich bei einer Abmagerungskur verliere, ist die gute Laune". Dabei kommt der Begriff Diät ursprünglich aus dem Griechischen und bedeutet Lebensweise, aber auch Aufenthalt sowie schiedsrichterliche Entscheidung und umfasst daher viele verschiedene Dimensionen unserer menschlichen Existenz.

Es wird nun mit Hilfe des vorliegenden Buches leicht gemacht, die Entscheidung für eine gesunde Lebensweise, einen schlanken Körper und Wohlbefinden zu fällen.

Unbeeinflusst von Modeströmungen oder sonstigen wie immer gearteten Interessen, aber geprägt von der Sachkenntnis der Autoren weist ein prägnanter, fundierter und dennoch leicht verständlicher Ratgeber den Weg dahin.

Er enthält keine unrealistischen Heilsversprechen, lässt aber dennoch nicht gleich das Gefühl aufkommen, dass dieses Konzept nur unter enormer Willensanstrengung und in sozialer Isolation im besten Fall einige Wochen durchzuhalten ist. Er gibt auf leicht nachvollziehbare, umfassende Weise Ratschläge in Richtung eines gesunden Lebensstils und damit automatisch in Richtung eines gesunden Körpergewichts.

Ihr

Prof. Jürgen Spona

Die größte Gruppe von Menschen in Deutschland sind nicht etwa Alte, Frauen oder Männer, sondern Übergewichtige. Fast 60 Prozent der Bewohner der Bundesrepublik Deutschland sind übergewichtig. Jeder fünfte ist sogar krankhaft übergewichtig – also adipös. Studien von Ernährungspsychologen zeigen, dass 20 bis 30 Prozent der Bevölkerung ständig „auf Diät" ist. Die Frühjahrsmonate März, April und Mai sind wie die „Nach-All-Inklusive-Buffett" Monate August, September und Oktober die „Diätmonate" überhaupt. In diesen Monaten setzen die Hersteller der „Schlankheitsmittel", die meist nur den Geldbeutel schlanker werden lassen, mehr als 2/3 ihres Jahresumsatzes von mindestens 180 Millionen Euro um. Wer denkt schon im Juni, Juli oder Dezember an sein Gewicht. Zu diesen Zeiten geht es um Urlaub und Entspannung oder Advents- und Weihnachtszeit.

Die Jahreszeiten nehmen aber auch Einfluss auf unser Wohlbefinden. Gerade in der „dunklen" Jahreszeit bestimmen Missstimmungen unseren Tag und das lässt sich leicht durch Essen ausgleichen. Denn Essen macht nun einmal glücklich und zu viel Essen macht dick und glücklich. Übrigens macht nicht nur Schokolade, sondern auch ein Stück Brot glücklich. Und ein Joghurt, der cremig ist, löst die gleichen positiven Empfindungen aus wie Mousse au Chocolat. Entscheidend ist das sogenannte Mouthfeeling. Da macht halt ein Sahnequark zufriedener

als trockener Magerquark. Aber mit Wasser aufgeschlagener Magerquark hat den gleichen Effekt im Mund wie Sahnequark.

Merke Die Hälfte der Frauen und zwei Drittel der Männer in Deutschland sind zu dick!

Seit Jahrzehnten gibt es Programme für Übergewichtige und es wird über die Gefahren der übermäßigen Körperfettmasse berichtet. Und seit Jahrzehnten gibt es Frauenzeitschriften, deren wichtigste Artikel und Rubriken über die „einzig wahre" Diätkostform berichten. Die Berichte widersprechen sich zwar von Ausgabe zu Ausgabe, aber trotzdem sind sie bei den Leserinnen beliebt. Wussten Sie, dass Männer praktisch keine Diätratgeber kaufen? Und dass Zeitschriften für Männer nicht mit einer neuen „Kohlsuppen-Diät" aufmachen können, sondern maximal mit Waschbrettbauch und Muskeln? Männer und Frauen gehen grundsätzlich anders an eine Senkung des Körpergewichts heran.

Während Frauen in der Diätberatung diskutieren, fragen Männer nach festen Regeln, die sie auch sehr viel häufiger umsetzen als Frauen. Aber Frauen kaufen Diätbücher, Frauenzeitschriften mit Wunderdiäten und Kalorientabellen, die sie schlank machen sollen. Die meisten Bücher landen aber ungelesen oder zumindest unumgesetzt im Regal. Und so hilft eine Kalorientabelle natürlich auch nicht bei der Gewichtsreduktion. Trotzdem oder vielleicht deswegen hat die Zahl der Übergewichtigen immer weiter zugenommen.

Hier liegt also ein Fehler im System. Dieser ist insbesondere auf die falsche Herangehensweise seitens der Betroffenen aber auch der Gesellschaft zurückzuführen. Wenn Sie nicht für sich selbst und ihr Wohlbefinden abnehmen wollen, sondern für Ihren Ehepartner, Arzt oder den Badeanzug, sind Sie schon vor dem Beginn der „Diätphase" gescheitert. Wenn Sie glauben, dass Sie nach der „Diätphase" wieder so weitermachen können wie vorher, dann werden Sie ebenfalls scheitern und sogar immer dicker werden, denn was vor der Diät falsch war, ist danach natürlich auch nicht richtig. Wenn man sich die klassischen Diäten in Frauenzeitschriften genau ansieht, sind diese auf ganz kurze Zeitabschnitte ausgerichtet. Das Motto lautet in der Regel „5 Pfund in 3 Tagen". Das ist zwar überhaupt nicht möglich, erhöht aber die Auflage der Zeitschrift. Inzwischen überbieten sich die einschlägigen Titel mit Rekord-Gewichtsabnahmen.

Es ist natürlich nicht gesund, sondern vielmehr lebensgefährlich, in einem halben Jahr 54 Kilogramm mit einer Mischung aus Zitronensaft und Kräutern abzunehmen. Über die Krankheits- und Todesfälle berichten die Magazine natürlich nicht.

Kohlenhydratarm ist nicht logisch!

Es war für die Autoren eine komplizierte Aufgabe, für Sie die Wahrheit herauszufinden. Die wissenschaftliche Literatur zu sichten und zu interpretieren, bedeutete fast zwei Jahre Arbeit, und natürlich haben uns auch die praktischen Erfahrungen im Umgang mit Übergewichtigen sowie das Gespräch mit Wissenschaftlern und Praktikern aber auch vielen Betroffenen geholfen, für Sie ein Schlusskapitel zu verfassen, das nicht lügt.

Die hier gemachten Aussagen gelten zum jetzigen Zeitpunkt und können in der Zukunft durch neue Wahrheiten abgelöst werden, da die Ernährungswissenschaft und die Diätetik ständig im Fluss sind. Das heißt aber nicht, dass sich von heute auf morgen alles vollständig ändern wird.

Vor wenigen Jahren war dem Protein in der Nahrung weit weniger Bedeutung zugemessen worden als heute. Und noch vor ein bis zwei Jahren war alles auf eine Kohlenhydratreduktion bei Erhöhung der Fett- und Proteinzufuhr hinausgelaufen, bis Studien zeigten, dass Atkins doch nicht

der Weisheit letzter Schluss war und dass weniger Kohlenhydrate eben nicht immer und uneingeschränkt logisch sind. Der GLYX ist fast fünf Jahre in den Himmel geschrieben worden, obwohl den ausgewiesenen Ernährungsexperten – also den Diätassistenten und Ernährungswissenschaftlern – sofort klar war, dass der glykämische Index eben nur die Bewertung einzelner Lebensmittel unter Laborbedingungen darstellt. Und wer isst schon nur eine Scheibe Brot? Die Beeinflussung des GLYX durch die darauf gestrichene Butter oder Margarine ist beachtlich. Und so hat ein dick mit Butter bestrichenes Brot einen deutlich niedrigeren GLYX als eine Scheibe Vollkornbrot ohne Butter. Und trotzdem ist das Butter-Brot nicht besser, nur deutlich kalorienreicher. Und reichliche Kalorien führen leichter zur Entstehung von Übergewicht als wenige Kalorien.

Der GLYX oder als Kohlenhydratarmut bezeichnete Low-Carb-Diäten allein machen also logischerweise weder glücklich, gesund noch schlanker. Und die sogenannte Logi-Diät ist nun wirklich nicht logisch! Wissen-schaftliche Studien können bisher nicht nachweisen, das solche Diäten herkömmlichen überlegen sind.

Der Glykämische Index

Im Rahmen der Prophylaxe und Therapie des Diabetes mellitus spielt der glykämische Index nicht nur in der wissenschaftlichen Diskussion eine bedeutende Rolle. Die ersten Beschreibungen stammen von Otto, Bremen und P.A. Crapo (1976). Es zeigte sich, dass die Blutzuckerwirkung verschiedener Lebensmittel bei gleichem Kohlenhydratgehalt unterschiedlich ist. Die Wirkung der unterschiedlichen Nahrungsmittel und Speisen auf den Blutzuckerspiegel wird mit einem Standardprodukt – in diesem Falle Glukose (Traubenzucker) – verglichen. Teilweise wird auch Stärke als Vergleichswert herangezogen. Das begründet auch die unterschiedlichen Angaben zum gleichen Lebensmittel. Leider ist der glykämische Index bisher kaum in die praktische Diabetologie eingezogen, da sich eigentlich nur die GI von Lebensmitteln, nicht aber die von Speisen bestimmen lassen. Die Blutzuckerwirksamkeit ist von extrem vielen Faktoren– beispielsweise Fettgehalt, Ballaststoffgehalt, Flüssigkeit, Kaugrad, Zubereitungsgrad – abhängig.

> **Merke**
> Der GLYX ist nicht das Maß der Dinge!

Glykämischer Index (GI):	Blutzuckeranstieg nach Testnahrungsmittel
	Blutzuckeranstieg nach äquivalenter Menge von Glukose x 100

Der Glykämische Index verschiedener Nahrungsmittel
(Referenzwert Glukose):

Nahrungsmittel	GI
Glukose	100
Maltose	110
Saccharose	59
Fruktose	20
Gek. Möhren	85-92
Honig	87-90
Cornflakes	80
Weißer Reis	72
Gek. Kartoffeln	70
Weißbrot	69
Weizenvollkornbrot	40
Fertigmüsli	66
VK-Müsli ohne Zucker	50
Haferflocken	49
Joghurt	36
Vollmilch	34
Schokolade	22
Frisches Gemüse (z. B. Tomaten)	< 15

Am glykämischen Index zeigt sich, warum Weißmehlprodukte für Diabetiker ungeeignet sind. Ihr glykämischer Index ist deutlich schlechter zu bewerten als der von Saccharose. Der Ballaststoffgehalt und der Verarbeitungsgrad sind wichtige Gradmesser in der Blutglukosewirksamkeit. Der glykämische Index steigt durch die Zubereitung von Lebensmitteln, beispielsweise Kochen, und durch stärkere Verarbeitung, beispielsweise Kartoffelpüree aus Kartoffelpüreeflocken. Der GI sinkt bei einer gemischten Mahlzeit in Abhängigkeit vom Fettgehalt durch die Veränderung der Magenentleerungszeit. Flüssiges verlässt den Magen prinzipiell rascher als Festes. Unterhitze, unverarbeitete und ballaststoffreiche Nahrungsmittel haben im Allgemeinen einen niedrigen glykämischen Index.

Eine Kalorie ist eine Kalorie!

Es bleibt also die gute alte Kalorie – oder auch die Joule, wie Energie eigentlich gemessen wird. Schließlich gilt das vielleicht ewige Credo der Ernährungswissenschaft, das zumindest in der Physik immer feststehen wird: Eine Kalorie ist eine Kalorie. Dieser Ausspruch stammt von Professor Dr. Berthold Gassmann, der lange Jahre das Deutsche Institut für Ernährungsforschung (DIFE) in Potsdam leitete und die wohl wichtigste deutschsprachige Ernährungsfachzeitschrift – die Ernährungsumschau – herausgab. Übergewicht ist ein Bilanzproblem und hier müssen die Schrauben angesetzt werden. Aber ohne die Feststellung, warum Sie sich zu wenig bewegen und

Lebensmittel bevorzugen, die Ihnen nicht gut tun, „bringt alles nichts". Das Essverhalten ist streng durch unsere Psyche reguliert. Essen ist eben mehr als reine Nahrungsaufnahme, die den Bedarf decken soll und die Figur optimiert. Verhalten, Stressmanagement und Lebensführung sind neben Ernährungsweise und Bewegungsverhalten die Schlüssel, die die Tür zur individuellen Optimalfigur und dem eigenen „Idealgewicht" aufschließen. Versuchen Sie also herauszufinden, warum Sie was essen und warum Sie Bewegung mögen oder ablehnen.

Forschen Sie in Ihrer Seele, warum Sie übergewichtig sind und schließen Sie mit sich selbst einen Vertrag über eine gesündere Lebensführung.

Nutzen Sie die Möglichkeiten der Entspannungstherapie und der interdisziplinären Übergewichtsbekämpfung im therapeutischen Team aus Arzt, Ernährungsexperte (Diätassistent oder Ernährungswissenschaftler), Physio- und Verhaltenstherapeut. Und fangen Sie sofort damit an, über sich und Ihr Essverhalten nachzudenken. Es ist ohne Relevanz, ob Ihre Freundin oder Ihr Freund soviel essen kann, wie sie oder er mag, und es hilft Ihnen auch nicht, durch die Behauptung, dass in den USA dickere Menschen leben, sich selbst zu rechtfertigen. Sie können ab sofort alles ändern.

Geben Sie sich und Ihrem Körper eine Chance. Sie haben lange genug gewartet und die falschen Maßnahmen ergriffen. Wir wünschen Ihnen die Kraft, die Sie ohnehin haben, und das Durchhaltevermögen, das Ihnen nicht fehlt, wenn Sie es wollen. Fangen Sie jetzt an – dabei wünschen wir Ihnen Freude und Spaß, und dann werden Sie erfolgreich sein und alle anderen nicht verstehen, die dick bleiben. Aber es geht auch nur um Sie!

Ernährung kann gesund und krank machen!

Eine ausgewogene Ernährungsweise ist eine der wichtigen Voraussetzungen für eine gute Gesundheit. Im Jahre 2001 betrugen die Kosten, die durch ernährungsabhängige Krankheiten in der Bundesrepublik Deutschland hervorgerufen wurden, 107,344 Milliarden DM. Ausgeschrieben sind das 107.344.000.000 DM. Damit ist rund ein Drittel des Kostenvolumens im Gesundheitswesen auf Fehlernährung zurückzuführen. Diese Kosten beziehen sich auf das Jahr 2001.

Krankheitskosten
im Jahr 2001:

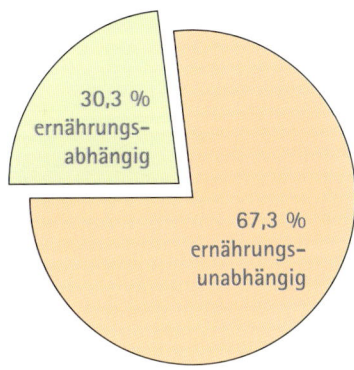

30,3 %
ernährungsabhängig

67,3 %
ernährungsunabhängig

64,4 Prozent der Todesfälle in Deutschland stehen in einem Zusammenhang mit ernährungsabhängigen Krankheiten. Damit sind fast zwei von drei Todesfällen in Deutschland auch auf eine Fehlernährung zurückzuführen. 2001 waren 43,8 Prozent aller Todesfälle auf potenziell ernährungsabhängige Herz-Kreislauf-Erkrankungen – insbesondere Herzinfarkt und Schlaganfall – zurückzuführen. Rund 75 Prozent der Bluthochdruckfälle, aber auch der gefährlichen Herz-Kreislauf-Erkrankungen Herzinfarkt und Schlaganfall sind auf Übergewicht und Fehlernährung zurückzuführen und ließen sich durch eine Gewichtsreduktion vermeiden oder gesunden. Mit 35 Prozent ist die Ernährung noch vor dem Tabak der wichtigste Krebsrisiko-Faktor. Eine extreme Schutzfunktion nimmt der tägliche, reichliche Obst- und Gemüsekonsum ein. Als extremer Risikofaktor für die Entstehung einer Krebserkrankung gilt eine zu hohe Fett- und Alkoholaufnahmemenge. Über 90 Prozent der Diabetesfälle in Deutschland sind auf Übergewicht zurückzuführen. Der Satz „Diabetiker sind nicht krank, sie haben nur einen zu großen Bauch und sind zu dick!" ist also richtig. Diabetiker bedürfen in der Regel nach der Diagnosestellung des Arztes keiner Tabletten, sondern einer individuellen diätetischen Beratung durch Diätassistenten oder Diplom-Oecotrophologen, denn mit dem Übergewicht verschwinden auch die erhöhten Blutzuckerwerte.

Es ist absolut eindeutig, dass mit steigendem Körpergewicht das Risiko, an einem Diabetes mellitus Typ 2 zu erkranken, wächst. Gesättigte Fettsäuren, die in großen Mengen in tierischen Lebensmitteln vorkommen, beeinflussen den Fettstoffwechsel. Daneben spielen auch die Zufuhr der ein- und mehrfach ungesättigten Fettsäuren und der Omega-3-Fettsäuren, die Fisch zu einem wahren Freund von Herz und Gefäßen machen, sowie der Ballaststoffe eine Rolle. Rund 75 Prozent der Bevölkerung in Deutschland haben einen Cholesterinspiegel über 200 mg/dl.

Ernährungsabhängige Krankheiten und Nahrungsfaktoren

Krankheiten	Nahrungsfaktoren
Bluthochdruck	zu viel Kalorien, Fett, gesättigte Fettsäuren, Alkohol, zu wenig Kalium und Magnesium sowie Obst, Gemüse und Fisch
Herz-Gefäß-Krankheiten	zu viel Kalorien, Fett, gesättigte Fettsäuren, Cholesterin, zu wenig ungesättigte Fettsäuren (ein- und mehrfach ungesättigte Fettsäuren sowie Omega-3-Fettsäuren), Obst und Gemüse
Bösartige Neubildungen (Krebs)	zu viel Fett, tierische Produkte, Alkohol, Geräuchertes, Nitrit, zu wenig Ballaststoffe, Antioxidantien, Obst, Gemüse und Vollkornprodukte
Diabetes mellitus Typ 2	zu viel Kalorien, Fett, zu wenig Ballaststoffe
Hyperurikämie und Gicht	zu viel tierische Produkte, Purine
Fettstoffwechselstörungen (erhöhte Cholesterin- und Triglyzeridwerte)	zu viel Fett, gesättigte Fettsäuren, Cholesterin, tierische Produkte, Kaffee, zu wenig Ballaststoffe, Obst, Gemüse, ungesättigte Fettsäuren (ein- und mehrfach ungesättigte Fettsäuren sowie Omega-3-Fettsäuren)
Kohlenhydratstoffwechselstörungen	bestimmte Aminosäuren oder Kohlenhydrate
Übergewicht und Adipositas	zu viel Kalorien, Fett, Zucker, Alkohol, zu wenig Ballaststoffe, Obst und Gemüse
Jodmangelstruma (Kropf)	zu wenig Jod
Anämien	zu wenig Eisen, Kupfer, Folsäure und Vitamin B12
Alkoholismus	zu viel Alkohol
Karies	zu viel Zucker, zu wenig Fluorid
Gallenerkrankungen	zu viel Fett, gesättigte Fettsäuren, Cholesterin, zu wenig Ballaststoffe
Divertikel	zu wenig Ballaststoffe
Chronische Lebererkrankungen	zu viel Alkohol und Fett
Bauchspeicheldrüsenerkrankungen	zu viel Alkohol und Fett
Osteoporose	zu viel Alkohol und Kaffee, zu wenig Kalzium, Vitamin D und Fluorid
Lebensmittelinfektionen	verdorbene Lebensmittel

Ernährung und Krankheit stehen in engem Zusammenhang

Bei über 200 Erkrankungen wird ein Zusammenhang mit der Ernährungsweise beschrieben. Oftmals steht ein Zuviel an Fett, insbesondere gesättigte Fettsäuren aus tierischen Nahrungsmitteln, am Anfang der Erkrankung. Die wissenschaftlichen Entwicklungen in der Diätetik und Ernährungsmedizin sind sprunghaft und nicht immer leicht nachzuvollziehen.

Richtig abnehmen – gewusst wie

Viel wichtiger als eine Kalorientabelle ist für Menschen, die abnehmen wollen, der Wille. Nur wer wirklich davon überzeugt ist, abnehmen zu wollen, kann es dauerhaft schaffen. Dieses Bewusstsein zu schaffen, ist schwierig. Viel leichter ist die Vermittlung von Informationen. Aber durch das Lernen, dass Ballaststoffe die Sättigung fördern, hat wahrscheinlich noch niemand dauerhaft das Gewicht reduziert. Vielmehr müssen die Emotionen und das rationale Wissen in einer Linie zu einer schlankeren Figur gruppiert werden.

Das Bewusstsein können Sie beeinflussen und beeinflussen lassen. Überlegen Sie ganz genau, was Sie wirklich wollen. Machen Sie mit sich selbst einen Vertrag und führen Sie für sich selbst und Ihre Bewusstseinsänderung ein Ernährungstagebuch. Dieses Buch soll Ihnen helfen, Ihre Probleme aufzuzeigen und Änderungen überhaupt möglich zu machen.

> **Merke**
> Schließen Sie mit sich selbst einen Vertrag und führen Sie ein Ernährungstagebuch.

BMI	Beurteilung	Prozentualer Anteil in der Bevölkerung
< 18,5	Untergewicht	2,4 %
18,5 – 24,9	Normalgewicht	49,8 %
25 – 29,9	Übergewicht Grad I (moderates Übergewicht)	36,2 %
30 – 40	Übergewicht Grad II (schweres Übergewicht oder Adipositas)	11,0 %
> 40	Übergewicht Grad III (morbide Adipositas)	0,5 %

Quelle: Statistisches Bundesamt, 2002, Wiesbaden

Interessant ist, dass in den Industrieländern Portionsvergrößerungen überall, nur nicht bei Obst und Gemüse eintreten. Die Tendenz bei Portionsgrößen und Energiedichte steigt. Im Rahmen der Adipositastherapie ist es ernährungsmedizinisch ausreichend, eine Gewichtsreduktion von 10 Prozent vom Ausgangsgewicht zu erreichen.

Übergewichtprävention:

- Weniger TV
- Mehr Bewegung
- Weniger Kalorien
- Niedriger Glykämischer Index / Glykämische Ladung
- Reichlich Ballaststoffe
- Wenig gesättigte Fettsäuren / Transfettsäuren
- Kleine oder normale Portionen
- Niedrige Energiedichte

Durch Fehlernährung gehen jährlich in Deutschland 4,5 Millionen Lebensjahre verloren, mehr als 30 Prozent der Ausgaben im Gesundheitswesen rufen ernährungsbedingte Krankheiten hervor und 64,3 Prozent der Todesfälle in Deutschland sind begründet in ernährungsbedingten Krankheiten.

Diäten müssen scheitern

Die meisten Diäten versagen. 90 Prozent von ihnen auf dem Weg zum Kühlschrank oder im geringen Wohlbefinden der „Diätler". Oder versagen die Menschen, die eine Diät durchführen? Viele Diäten scheitern insbesondere an Hunger und Appetit. Aber gegen beide Empfindungen lässt sich natürlich etwas machen. Wichtig ist, dass Sie sich immer wieder bewusst machen, warum Sie essen und welche Empfindungen das Essen oder Trinken bei Ihnen auslöst.

In meiner eigenen Beratungspraxis an der Universitätsklinik Aachen habe ich den Patienten immer wieder gesagt, dass nach der Diät vor der Diät sein kann, denn das Ernährungsverhalten und die Lebensführung müssen grundsätzlich umgestellt, also aktiv vom Übergewichtigen überprüft und verändert werden. Ein Berater kann diesen Weg nur unterstützen und helfend zur Seite stehen. Das kann eine Diät, die in Zeitschriften oder Büchern abgedruckt wird, natürlich nicht. Wie oft haben ich und meine Kolleginnen und Kollegen in der Diät- und Ernährungsberatung den Satz gesagt: „Aber abnehmen müssen Sie schon allein – das kann ich nicht für Sie!"

Eine Diät allein kann also überhaupt niemals erfolgreich sein, wenn sie nicht Körper, Seele und Geist gleichermaßen anspricht und erreicht. Aber das muss der Abnahmewillige natürlich zulassen und gleichsam wollen. Gibt es überhaupt etwas Komplizierteres als die Änderung der Lebensgewohnheiten? Nein! Aber jedem Menschen bleibt in jeder Sekunde die Möglichkeit, selbst alles zu ändern, um alles gut werden zu lassen. Am Anfang einer jeden Veränderung des Körpergewichts stehen also die Seele und der Geist. Erst danach folgt der Körper mit Ernährungsumstellung und Bewegungsaktivierung. Aber schon wenn eine dieser Säulen brüchig wird, ist das Ziel nicht mehr zu erreichen. Und ganz scheitern muss die Gewichtsabnahme, wenn Sie es nicht wirklich und ernsthaft wollen.

Besonders wichtig ist, dass Sie einen Grund haben abzunehmen, der wirklich triftig ist und weit über eine kneifende Hose hinausgehen kann. Sie selbst müssen Ihr Leben für sich umstellen wollen. Wenn Sie aus Langeweile essen, müssen Sie das herausfinden, akzeptieren und etwas dagegen tun. Sie brauchen also keine Diät, sondern Beschäftigung, und man kann sich auch wunderbar mit anderen Dingen als mit dem Essen beschäftigen. Wenn Sie aus Ärger, Stress, Nervosität oder Trauer essen, kann die Problemlösung nur in einer Änderung des Verhaltens und neuen Kompensationsmechanismen liegen. Übergewicht ist bei sehr vielen Menschen die suboptimale Lösung von Problemen.

Anstatt Langeweile zu bekämpfen, essen Gelangweilte. Sie lösen ihr Problem also suboptimal. Solange das Körpergewicht und die Gesundheit durch Essen nicht negativ beeinflusst werden, ist die Lösung durch Essen sogar okay. Bei den meisten Menschen zeigt sich aber der Bauch als Effekt der suboptimalen Lösung von Problemen. Um aus diesem Konflikt herauszukommen, braucht es keine Diät oder ein Abnahmeprogramm, sondern vielmehr ein Konfliktmanagement, Stressmanagement oder in einigen Fällen sogar eine Verhaltenstherapie.

> **Merke**
> Der Bauch kann Anzeichen der suboptimalen Lösung von Problemen sein!

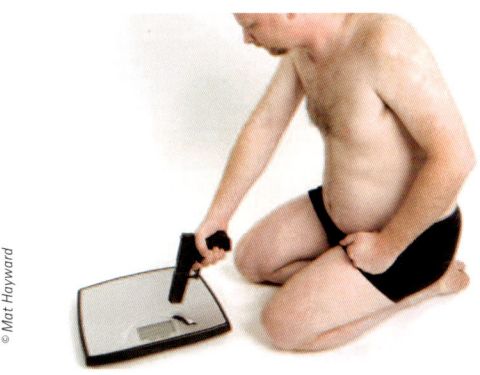

© Mat Hayward

Wenn wirklich vorwiegend aus einem nahezu unstillbaren Hungergefühl oder einem übergroßen Appetit gegessen wird, kann der Diätassistent oder der Arzt helfen. Sättigung lässt sich durch eine Ernährungsumstellung auf 3 größere Mahlzeiten, die reichlich Ballaststoffe und Proteine enthalten, leicht erreichen. Appetit lässt sich im Rahmen einer ärztlichen Therapie auch durch Appetitzügler hemmen. Bei ehrlicher Betrachtung werden Sie aber wahrscheinlich für sich selbst feststellen, dass Hunger und Appetit eben nicht die Auslöser Ihres Problems sind.

Und damit können Appetitzügler oder andere Medikamente auch nur eine suboptimale Lösung sein. Gehen Sie den Ursachen Ihres Übergewichts auf den Grund und lassen Sie sich Zeit in der Lösung Ihrer Probleme. Dann reduziert sich das Gewicht von ganz alleine.

Kurz und sinnlos: Ein paar Tage Diät

Wenn Sie sich „mal ein paar Tage" zusammenreißen und ganz konsequent Ihre Diät halten, danach aber wieder normal weiter essen, kommt es nicht nur zum Jo-Jo-Effekt. Dauerhaft werden Sie immer dicker. Haben Sie schon mal zusammengerechnet, wie viel Sie in den vergangenen fünf Jahren insgesamt abgenommen haben? Ständige Gewichtsab- und -zunahme schädigt nachhaltig die Gesundheit. Experten sind bei Übergewichtigen aus gesundheitlichen Gründen sogar schon zufrieden, wenn das Gewicht nur nicht von Jahr zu Jahr immer weiter ansteigt. Überlegen Sie einmal, was Sie vor 5 oder 10 Jahren gewogen haben. Sie sollten sich auch klar machen: Wenn Ihre Ernährung einmal dazu geführt hat, dass Sie übergewichtig geworden sind, wird Sie Ihnen auch wieder eine Gewichtszunahme bescheren. Daher kann keine Diät erfolgreich sein, die nicht eine langfristige Umstellung der Ernährung beinhaltet.

Das Tückische ist, dass gerade in den ersten Tagen einer Diät ein relativ großer Gewichtsverlust stattfindet. Dieser ist jedoch vor allem auf die Ausscheidung von Wasser zurückzuführen. Was bei einer Crashdiät oder beim Fasten verloren geht, ist nicht in erster Linie Körperfett! Der Körper kann die fehlende Energie aus seinen Speicherstoffen Glykogen (Kohlenhydrat), Eiweiß oder Fett decken. Alle drei Substanzen binden in der Zelle Wasser, doch in unterschiedlichem Ausmaß. Verbraucht der Körper sein Glykogen oder Eiweiß, wird gleichzeitig auch besonders viel Wasser freigesetzt und ausgeschieden. Aber Übergewicht geht ja nicht mit zu viel Wasser, sondern mit zu viel Fett einher. Fettgewebe enthält im Gegensatz zu Muskulatur relativ wenig Wasser, sodass Übergewichtige in der Regel nicht überwässert sind. Das oftmals in der Werbung suggerierte „Nehmen Sie doch einfach ein paar Liter ab" ist vor diesem Hintergrund besonders unsinnig. Fett kann man nicht wegpinkeln, und Wasser ist ein lebenswichtiger Bestandteil des Organismus. Ohne Wasser oder bei einem Wassermangel im Körper kommt es zu massiven Schäden bis hin zum Tode. Nur wenn Ödeme – also extreme Wasseransammlungen – vorhanden sind, kann das Gewicht durch die Ausscheidung von Urin (Diurese) gesenkt werden. Aber darüber entscheidet der Arzt und nicht die Werbung der Pharmaindustrie.

In den ersten Tagen jeder Diät deckt der Organismus sein Energiedefizit vor allem aus Glykogen. Dies ist die Speichersubstanz, die als erstes verbraucht wird. Wenn der Körper 1000 Kilokalorien aus seinen Glykogen- und Eiweißspeichern holt, kommt es zu einer Reduktion des Körpergewichts von 1250 Gramm. So haben Sie zwar in den ersten Tagen einer Diät einen großen Gewichtsverlust, doch das Fett, das Sie ja eigentlich loswerden wollen, wird kaum angegriffen. Erst nach etwa drei Wochen sind 85 Prozent der Gewichtsabnahme auf den Abbau von Fett zurückzuführen. Da Fett aber kaum Wasser bindet, kommt beim gleichen Kalorienverbrauch „nur" ein Gewichtsverlust von 167 Gramm heraus!

Also seien Sie nicht enttäuscht, wenn der Gewichtsverlust langsamer vonstatten geht, denn erst dann bekommen Sie wirklich Ihr Fett weg! Machen Sie Ihren Erfolg nicht an der Waage fest. Die Waage ist blind für die Zusammensetzung Ihres Körpers. Sie kann nicht feststellen, ob Sie Wasser, Fettgewebe oder Muskeln abgebaut haben. Sie zeigt nur das Gewicht in Kilogramm. Oder ist etwa ein Zehnkämpfer bei einer Größe von 1,85 Metern und 102 Kilogramm Körpergewicht übergewichtig? Nein, er hat durch sein Training eine große Muskelmasse im Körper.

Aber das ist gesund und attraktiv. Muskulatur enthält relativ viel Wasser. Und das ist auch der Grund, warum Männer in der Regel rascher abnehmen als Frauen. Sie verlieren mit dem nicht zu vermeidenden Muskelabbau reichlich Wasser. Bei Männern ist normaler-weise der Muskelanteil höher als bei Frauen. Frauen haben vergleichsweise mehr Fettgewebe. Auch das Gewebe ist bei Männern und Frauen grundsätzlich anders aufgebaut. Daher kriegen selbst sehr dicke Männer üblicherweise keine Cellulite, und sogar schlanke Modells haben kleine Dellen. Bei Frauen geht der Gewichtsverlust langsamer, aber es wird mehr Fettgewebe abgebaut, wenn „Frau" alles richtig macht.

> **Merke**
>
> Männer nehmen rascher ab, weil sie mehr Muskelmasse als Frauen haben und Muskeln reichlich Wasser enthalten.

Kleine Ziele führen zum großen Erfolg

Unser Stoffwechsel macht eine rasche Gewichtsreduktion unmöglich. Andernfalls würde er sich ja selbst dem Tode näher bringen. Daher baut der Körper anfangs immer, vor allem wenn Sie zu wenig Protein aufnehmen und sich kaum bewegen, Muskeln ab. Damit sinkt der Energiebedarf und die Überlebenschance des Organismus steigt. Woher soll Ihr Körper wissen, dass Sie nur den Bauch reduzieren möchten, weil Ihre Hosen nicht mehr passen oder Ihnen der Arzt gesagt hat, dass Sie langsam aber sicher einen Diabetes mellitus entwickeln? Für Ihren Organismus bedeutet Energiemangel die Einschaltung aller Überlebensmechanismen. Versuchen Sie möglichst langsam abzunehmen, damit der Organismus sich anpassen kann und die hormonelle Regulation hinterher kommt.

Es ist kein Problem, wöchentlich 500 Gramm Fettgewebe abzubauen. Das entspricht einer Kalorieneinschränkung von maximal 3500 Kilokalorien in einer Woche oder einer Reduktion von 500 Kilokalorien pro Tag. Wenn also Ihr Bedarf bei 2200 Kilokalorien liegt, können Sie problemlos 1700 Kilokalorien täglich aufnehmen und nehmen wunderbar und langsam ab. Dass die Waage mehr als 500 Gramm wöchentlich anzeigen würde, liegt daran, dass der Organismus eben auch zusätzlich Wasser ausscheidet und auch etwas Muskulatur abgebaut wird. Und vergessen Sie niemals: 1 Pfund pro Woche bedeutet 26 Kilogramm in einem Jahr! Medizinisch betrachtet ist es ausreichend, das Körpergewicht innerhalb eines Jahres um 10 Prozent zu reduzieren. Das reicht schon, um praktisch alle wichtigen Blutparameter (Blutzucker, Cholesterin ...) zu normalisieren. Also: von 110 Kilogramm innerhalb von 12 Monaten auf 99 Kilogramm. Das ist sicher zu schaffen. Nur wer sich mehr vornimmt, scheitert meistens. Aber natürlich auch nicht immer. Finden Sie selbst Ihren Weg!

Jetzt geht es los: Vom Spiegel über den Vertrag zur schlankeren Figur

Merke

Ein Pfund Fettabnahme pro Woche ist ein gutes Ergebnis.

Der Weg zu einem schlankeren Körper ist sicher kein lustiger oder spaßiger Weg. Doch das Ziel ist für Sie lohnend. Aber nur, wenn Sie es wirklich möchten. Stellen Sie sich bitte vor den Spiegel. Das können Sie bekleidet oder unbekleidet tun. Wen sehen Sie? Gefällt Ihnen das, was Sie sehen? Ist das, was Sie sehen, okay? Möchten Sie etwas anderes sehen? Was sagen Sie Ihrem Spiegelbild? Wollen Sie abnehmen? Dann legen Sie los und schließen Sie mit sich selbst einen Vertrag.

Vereinbaren Sie mit sich selbst maximal 3 Ziele, die Sie ab sofort – ja jetzt gleich und nicht morgen – umsetzen.

Foto: Hannes Eichinger

Sinnvolle Ziele

Ich möchte 5 Kilogramm in 2 Monaten abnehmen

Ich trinke täglich zwei Flaschen Mineralwasser

Ich esse jeden Tag einen Apfel vor dem Mittagessen

Ich gehe abends 30 Minuten spazieren

Ich esse immer nur 2/3 auf

Ich gehe satt einkaufen

Ich erlerne Autogenes Training

Sinnlose Ziele

Ich möchte 10 Kilogramm in 6 Wochen abnehmen

Ich esse nur noch, was in meinem Diätplan steht

Ich esse kein Fleisch mehr

Ab morgen bin ich täglich im Fitness-Center

Ich esse keinen Kuchen mehr

Ich esse dreimal täglich Rohkost

Ich lebe stressfrei

Die Liste ließe sich unendlich fortsetzen. Suchen Sie sich drei Ziele aus. Ja, das reicht. Mehr können Sie ohnehin nicht täglich umsetzen. Wenn Sie feststellen, dass die ersten drei Ziele für Sie machbar waren, können Sie ja weitere formulieren. Aber verlangen Sie von Ihrem Körper und Ihrer Seele nicht zu viel. Sonst scheitern Sie. Denken Sie daran, dass Sie diese Punkte lebenslänglich umsetzen müssen. Wenn Sie sich nur drei Ziele – oder sogar nur eines in der ersten Woche – setzen, können Sie erfolgreich sein, und das motiviert für die nächsten Ziele. Schließlich haben Sie Ihr Verhalten, Ihre Bewegung und Ihr Essverhalten umgestellt und es war gar nicht so schwierig und kostspielig. Listen Sie die Punkte auf und unterschreiben Sie diesen Vertrag. Eine Strafe müssen Sie nicht in den Vertrag einbauen, denn wenn Sie es nicht schaffen, fangen Sie mit leichter erreichbaren Zielen an. Bevor Sie den Vertrag schließen, sollten Sie aber nachdenken. Was ist Ihnen wichtig, was können Sie tun, was aber würde Ihnen schwer fallen. Setzen Sie sich erreichbare Ziele und überfordern Sie sich nicht. Versuchen Sie in einem Monat auf einen Katalog von Zielen zu kommen, die alle wichtigen Inhalte einschließen. Also mindestens ein Bewegungsziel, ein Verhaltensziel und ein Ernährungsziel.

Merke

Wenige, aber umgesetzte Ziele bringen Erfolg!

Ohne Bewegung bewegt sich das Fett nicht weg

Auch wenn die meisten Diäten das Thema Bewegung nur am Rande abhandeln, ist es doch ein wichtiger Schlüssel für die dauerhafte Körperfettreduktion. Die Muskeln verbrauchen im Körper nun einmal die größten Energiemengen von allen Organen. Je mehr Muskeln, desto höher ist der Energiebedarf. Außerdem sieht die Figur schlank, straff und attraktiv aus. Die Muskulatur muss gefördert werden, und Diäten, die zum Abbau der Muskelmasse führen, sind ausgesprochen schlecht. Oftmals sind Tabellen, die den Energieverbrauch von sportlicher Aktivität beinhalten, eine Abschreckung, da nach einer Stunde Tennisspielen eben nicht ein Kilogramm Fettgewebe abgebaut ist. Aber Sie müssen sich natürlich vor Augen führen, dass schon eine tägliche Energiebedarfssteigerung von 100 Kilokalorien einen zusätzlichen jährlichen Energiebedarf von 365.000 bedeutet.

Bewegung fördert aber nicht nur die Gewichtsabnahme über die zusätzlich verbrauchte Energie. Sie stärkt die Muskulatur, wenn ausreichend Protein zugeführt wird, lässt das Insulin besser wirken und vermindert den Insulinbedarf. Das beugt Hungerattacken vor, denn weniger Insulin bedeutet weniger Hunger, und ein geringerer Insulinspiegel macht auch das Abnehmen leichter. Außerdem stärkt Bewegung natürlich das Herz-Kreislaufsystem, erhöht das gute Cholesterin (HDL) und hat noch viele weitere positive gesundheitliche Effekte. Aber haben Sie keine Angst: Sie müssen keine Weltrekorde brechen und auch nicht für Olympia trainieren.

Viel wichtiger ist, dass Sie jeden Tag Ihre Muskelaktivität erhöhen. Das kann jeder in jedem Alter. Lassen Sie Ihre eigenen Ausreden nicht gelten und belügen Sie sich nicht selbst. Besonders die Alltagsbewegung ist wichtig. Machen Sie sich ein Programm, das alles enthält, was Ihnen Spaß macht und was ganz leicht in den Alltag zu integrieren ist. Oder besuchen Sie einmal verschiedene Sportvereine und Fitness-Center. Alle bieten heutzutage Schnupperkurse an.

Es gibt Frauen-Schwimmtage, Angebote für Übergewichtige und natürlich auch für Senioren. Wenn Sie tatsächlich Ihre sportliche Aktivität für sich und Ihren Körper steigern wollen, finden Sie das richtige Angebot. Und es gibt praktisch keine Krankheiten, die Sport verbieten, im Gegenteil. Aber Sie müssen es wirklich wollen!

Merke Bewegung macht schlank, straff und gesund.

Viele Mahlzeiten können dick machen!

Über Jahrzehnte wurde empfohlen: Essen Sie viele kleine Mahlzeiten. Oft kam an: „Essen Sie oft!" Und was da so alles in den einschlägigen Frauenmagazinen als Mahlzeit geboten wurde: Hüttenkäse mit einer Scheibe Knäckebrot und einem aufgeschnittenen Radieschen. Oder noch besser: Schottischer Wildlachs, davon eine viertel Scheibe, und dazu schwedisches Knäckebrot mit Kressesprossen-Creme. Sind das Mahlzeiten oder eher Snacks für einen Gourmet-Tempel?

Studien zeigen immer wieder, dass Snacking neben einer gewissen Sättigung auch Probleme in sich birgt. Da jede Mahlzeit eine Insulinausschüttung hervorruft, hat Snacking nicht nur positive Seiten. Jede Insulinausschüttung bedeutet die Absenkung des Blutzuckerspiegels und darauf reagiert der Organismus mit einem Hungergefühl. Außerdem ist die Insulin-Reaktion bei Übergewichtigen oftmals überschießend. Es wird also zu viel Insulin freigesetzt und das führt zu richtigem Hunger. Haben Sie es nicht schon einmal selbst erlebt, wenn Sie über Stunden nicht gegessen haben

und eine Kleinigkeit essen? Die Reaktion ist keine leichte Sättigung, sondern ein richtiges Hungergefühl. Das Gleiche erlebt man oft nach dem Konsum von Fast Food oder Süßigkeiten wie Keksen.

Dennoch ist die 3-Mahlzeiten-These noch nicht eindeutig geklärt, und die Behauptung, dass Übergewichtige dadurch besser abnehmen, eben nur eine Behauptung. Und auch wenn die Physiologie des menschlichen Organismus dafür spricht, reicht das eben nicht aus. Bilanzstudien mit 1.200 Kilokalorien würden ergeben, dass diese Kalorienzufuhr auf 1, 2, 3, 4, 5 oder 6 Mahlzeiten aufgeteilt und über einen Tag gegessen zur gleichen Gewichtsreduktion führt. Denn immer wenn der Bedarf des Körpers nicht gedeckt ist, müssen die Reserven angegriffen werden. Aber vielen Menschen fällt es leichter, mit 3 sättigenden Mahlzeiten auf ein besseres Körpergewicht zu kommen als durch viele kleine Mahlzeiten, die schließlich auch keine richtigen Mahlzeiten mehr sein können. Denn 125 Kilokalorien ergeben nun einmal keine Mahlzeit im eigentlichen Sinne. Wichtig ist insbesondere, ob Sie mit 3 oder 5 Mahlzeiten täglich gut zurechtkommen und ob Ihr Hunger gestillt ist. Hunger ist der größte Feind bei der Gewichtsreduktion. Manche Menschen können mit drei sättigenden Mahlzeiten gut auskommen und andere schaffen ihre Ziele eher mit 3 Hauptmahlzeiten und 2 kalorienarmen Zwischenmahlzeiten. Finden Sie also Ihren Weg zwischen 3 sättigenden Hauptmahlzeiten oder ein bis zwei zusätzlichen Zwischenmahlzeiten.

Meine Patienten fragten im ersten Beratungsgespräch grundsätzlich nach einem Diätplan und waren nach einigen Monaten dankbar, dass sie diesen von mir nicht bekommen haben. Dieser Diätplan, der meist aus vielen Minimahlzeiten mit exotischen Zutaten besteht und Rezepte und Einkaufslisten enthält, die den Geldbeutel schlanker machen als die Taille, kann nicht individuell auf Ihre Bedürfnisse abgestimmt sein. Überlegen Sie also genau, wo Ihr Problem liegt und handeln Sie entsprechend. Probleme müssen Sie erkennen und danach lösen!

Merke Snacking und viele Zwischenmahlzeiten machen eher hungrig als schlank!

Berechnung des Gewichts / Beurteilung

Das Körpergewicht ist der wichtigste Wert zur Beurteilung der Menge an Körperfett. Aber eigentlich geht es nur um das Körperfett. Oder haben Sie ein Problem mit Ihrem Übermaß an straffen

Muskeln? Aber die Norm muss nicht Ihre Norm sein. Überlegen Sie genau, bei welchem Gewicht Sie sich wohlgefühlt haben. Auch ist es wichtig zu ermitteln, wann Sie dieses Gewicht zuletzt auf die Waage gebracht haben. Natürlich können Sie als 63-Jährige nicht mehr das Konfirmationsgewicht erreichen.

Oder besser ausgedrückt: es ist nicht sinnvoll oder gesund. Bei einer Gewichtszunahme steigt immer auch der Anteil an Fett im Körper. Natürlich muss, um das Gewicht auch beurteilen zu können, die Körpergröße mit beachtet werden. Ich hatte in der Beratung oft den Eindruck, dass meine Patienten nicht nur an Körpergewicht abnehmen wollten, sondern gleichzeitig noch an geistiger Kapazität, Sportlichkeit, Ehrgeiz und Attraktivität zulegen wollten. Diese Menschen haben also von sich mehr erwartet, als überhaupt möglich ist. Überlegen Sie sich genau, bei welchem Körpergewicht oder welcher Kleidergröße Sie sich gut gefühlt haben.

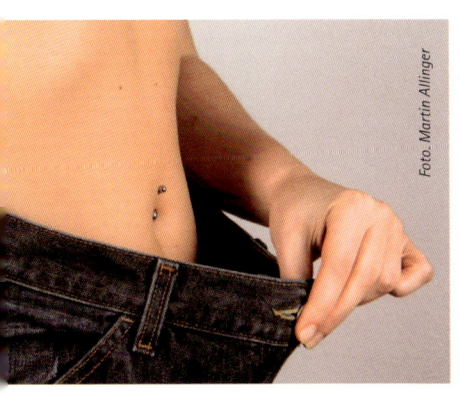

Foto. Martin Allinger

Lange Zeit wurde zur Beurteilung des Gewichts der sogenannte Broca-Index verwendet. Dabei wurde die Körpergröße in Zentimetern minus 100 gerechnet, um einen Wert für das Normalgewicht zu erhalten. Heute wird das Gewicht auf Basis des BMI beurteilt. Dieser Wert stimmt besser mit dem Anteil an Fett im Körper überein als der Broca-Index und hat diesen in seiner Bedeutung weitgehend abgelöst. Der BMI wird nach folgender Formel aus Gewicht und Größe berechnet:

$$\text{BMI:} = \frac{\text{Körpergewicht in Kilogramm}}{\text{Körpergröße in } m^2}$$

Zur Ermittlung Ihres BMI benötigen Sie also lediglich eine Waage und ein Maßband. Um Ihnen das mühsame Rechnen zu ersparen, gibt es Tabellen und sogenannte Nomogramme, aus denen Sie rasch und einfach Ihren BMI bestimmen können. Die Weltgesundheitsorganisation WHO gibt 5 Klassen zur Beurteilung des Gewichts an. Diese Klassen wurden gebildet nach den mit dem Gewicht auftretenden Gesundheitsgefahren. Man spricht von Übergewicht, wenn mit dem erhöhten Körpergewicht eine Beeinträchtigung von Organfunktionen, eine erhöhte Krankheitsanfälligkeit und Sterblichkeit einhergeht.

Als Normalgewicht wird dagegen das Körpergewicht bezeichnet, bei dem nicht vermehrt Krankheiten auftreten und die Lebenserwartung nicht verkürzt ist.

BMI nach WHO 1995	
Untergewicht	< 18,5
Normalgewicht	18,5-24,9
Übergewicht Grad I	25-29,9
Übergewicht Grad II	30-39,9
Übergewicht Grad III	> 40

Der Weg zu Ihrem BMI ist ganz einfach: Körpergewicht in Kilogramm (also beispielsweise 92 Kilogramm) _____ geteilt durch Körpergröße in Metern (also beispielsweise 1,74 m). Das Ergebnis beträgt: _____. Nochmals teilen durch die Körpergröße in Metern. Das Ergebnis beträgt: ____. Das ist der BMI. Mit dem Alter nimmt der Anteil des Fetts am Körpergewicht ganz natürlich zu. Daher ist bei älteren Menschen auch ein höherer BMI zu erwarten. Zur Beurteilung des Körpergewichts wird deshalb neben dem BMI auch das Alter berücksichtigt.

Wünschenswerter BMI nach National Research Council, USA 1989	
Alter:	wünschensw. BMI:
19-24 Jahre	19-24
25-34 Jahre	20-25
35-44 Jahre	21-26
45-54 Jahre	22-27
55-64 Jahre	23-28
>64	24-29

Die Berechnung des BMI ist eine einfache und schnelle Methode, um das Gewicht zu beurteilen. Daneben gibt es noch weitere Verfahren, den Anteil an Körperfett zu bestimmen. Diese sind aber viel aufwendiger und nur in Ausnahmefällen sinnvoll. Die BIA (Bioelektrische Impedanzanalyse) ist im Vergleich zur Waage nicht blind, sondern sie berechnet den Fettanteil des Körpers. Und das ist schließlich, worum es geht. Bei der BIA wird über angelegte Hautelektroden ein schwacher Wechselstrom durch den Körper geschickt. Dabei macht man sich zunutze, dass die verschiedenen Körpergewebe wie Knochen, Fett und Muskeln dem Strom unterschiedlichen Widerstand bieten. Aus den gemessenen Widerständen lässt sich über Formeln und unter Einbeziehung weiterer Größen annähernd die Körperfettmenge bestimmen. Dieses Verfahren ist ohne Nebenwirkungen, und der verwendete Strom ist nicht spürbar.

Niemals kann die Zahl des BMI für Ihr Leben, Ihre Attraktivität und Ihre Gesundheit so wichtig werden, dass Ihr einziges Ziel das Erreichen dieser Zahl wird. Denken Sie immer daran, wie lange es gedauert hat, bis Sie Ihr heutiges Gewicht erreicht haben. Wie soll das in deutlich kürzerer Zeit wieder umkehrbar sein? Richtig – das geht nicht. Sie müssen für sich einen Weg finden einzugestehen, dass manche Ziele nicht rasch umsetzbar sind.

Manche Ziele sind vielleicht noch nicht einmal sinnvoll. Wenn eine 64-Jährige wieder so schlank sein möchte, wie sie es mit 42 war, wird das in einem neuen Faltenwunder enden. Überlegen Sie genau, was Sie in den kommenden Monaten erreichen möchten. Denken Sie darüber nach, ob das überhaupt möglich ist. Setzen Sie sich erreichbare Ziele und legen Sie los.

> **Merke**
> Die Waage ist blind – die BIA zeigt Ihren Körperfettanteil!

Messen Sie den Verlauf Ihrer Körperumformung mit der Bioelektrischen Impedanz Analyse (BIA)!

Die BIA ist heute ganz einfach und preiswert mit sogenannten Fettwaagen möglich. Anderseits gibt es auch sogenannte Infrarot-Methoden (Futrex), die auch gute Ergebnisse erzielen. BIA und Infrarot haben eine ausreichend hohe Genauigkeit. Aber messen Sie sich immer im gleichen Zustand – also nach dem Toilettengang nackt direkt nach dem Aufstehen. Alle 14 Tage ist ausreichend. Besonders genaue Geräte gibt es oft in Fitness-Centern oder bei Ärzten, die strukturierte Adipositasprogramme (z. B. www.formmed.de) anbieten. Sie verfügen über exakte BIA-Geräte. Die normale Waage ist blind für die Körperzusammensetzung, denn ein Sportler kann bei einer Größe von 1,80 Metern und 105 Kilogramm geradezu ideal konstituiert sein, wenn es sich bei seinen Kilos um Muskulatur und nicht um Fettgewebe handelt. Auch bei einer Gewichtsabnahme ist die Waage blind, denn sie erkennt zwar die Gewichtsabnahme, kann aber nicht unterscheiden, ob es sich um Muskulatur, Fettgewebe oder Wasser handelt, das abgebaut wurde.

Doch nicht nur die Gesamtmenge an Fett ist für die Gefährdung Ihrer Gesundheit entscheidend, sondern auch dessen Verteilung im Körper. Ein dicker Bauch ist weit gefährlicher als die Fettpölsterchen an Po und Oberschenkeln. Eine Fettansammlung im Bauchbereich wird als androide Form oder Apfeltyp bezeichnet. Dieses Fett birgt ein hohes Gesundheitsrisiko, z. B. für die Entwicklung eines Diabetes mellitus und koronarer Herzerkrankungen. Dieses Fettverteilungsmuster kommt besonders häufig bei Männern vor. Dem gegenüber steht die gynoide Fettverteilung, die auch Birnentyp genannt wird. Hierbei befindet sich das Fett vor allem an Po und Oberschenkeln. Bei dieser Form ist das Gesundheitsrisiko vergleichsweise gering. Das Fettgewebe der Frau an Oberschenkel und Po ist nur sehr schwer abzubauen. Aber wer 1 Jahr lang richtig isst und sich richtig bewegt, baut natürlich auch hier ab. Oder haben Sie ein solches Programm schon mal konsequent durchgezogen und sind gescheitert? Wahrscheinlich nicht und wenn doch, dann sollten Sie sich genau überlegen, ob das Problemfett nicht durch einen plastischen

Chirurgen entfernt werden sollte. Überlegen Sie sich genau, was Ihnen an Ihrem Körper nicht gefällt und was Sie für eine Änderung machen müssen. Meist ist es eine Verhaltensänderung, die zu einer geänderten Ernährungsweise und einer Intensivierung der sportlichen Aktivität führt. Fragen Sie einen ausgebildeten Sportfachmann, ob Sie Ihre Ziele überhaupt – und vor allem wie, in welcher Zeit – erreichen können und legen Sie los.

Merke	Die BIA berechnet die Körperzusammensetzung und zeigt die Fettverluste recht genau.

Das Fettverteilungsmuster kann oft schon mit einem Blick erkannt werden. Zur genauen Bestimmung reicht auch hier ein Maßband aus: Ein Maß für die Fettverteilung ist die sogenannte waist-to-hip ratio (WHR). Hierfür werden der Taillen- und der Hüftumfang in Zentimetern bestimmt und die beiden Werte dividiert. Ein Umfangverhältnis von über 1 bei Männern und über 0,85

bei Frauen spricht für eine androide Fettverteilung. Auch der Taillenumfang allein ist bereits ein gutes Maß für die Fettverteilung: Bei Männern gilt ein Gürtelumfang ab 94 cm, bei Frauen ab 80 cm als gefährlich. Besonders wichtig ist die Fettverteilung bei einem nur mäßigen Übergewicht (bis zu einem BMI von 29,9). Leichtes Übergewicht ist beim Birnentyp häufig unbedenklich. Beim Apfeltyp dagegen können schon früh gesundheitliche Gefahren auftreten. Je stärker der BMI steigt, umso weniger fällt die Fettverteilung ins Gewicht, da dann die Gesundheitsrisiken insgesamt zunehmen.

Formel:

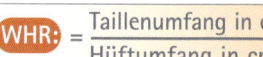

$$WHR = \frac{\text{Taillenumfang in cm}}{\text{Hüftumfang in cm}}$$

Zielwerte für das Umfangsverhältnis:
Frauen < 0,85   Männer < 1

Die unterschiedlichen Auswirkungen auf den Körper kommen zustande, weil das Fett in den verschiedenen

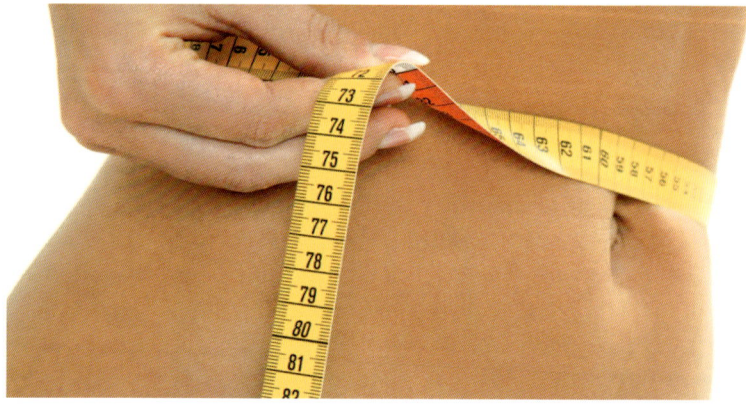

Körperregionen sich unterschiedlich verhält. Das Fettdepot in der Bauchhöhle ist stärker durchblutet und enthält mehr Nervenbahnen als das Fett im Hüft- und Oberschenkelbereich. Daher werden aus dem Bauchraum schneller Fettsäuren ins Blut abgegeben oder auch aufgenommen. Über diese Fettsäuren werden viele Stoffwechselvorgänge beeinflusst. Das android Fett lässt sich relativ leicht und schnell wieder abbauen.

Das gynoide Fett dagegen wird zu Recht als „Problemzone" bezeichnet. Es lässt sich nämlich nur schwer durch Diäten beeinflussen. Doch genau diese Fettdepots sind wichtig für die Versorgung des Kindes in Schwangerschaft und Stillzeit. In dieser Zeit, unter den veränderten hormonellen Bedingungen, wird das Fett aus diesen Regionen abgebaut. Nur so ist es gewährleistet, dass für das Neugeborene auch in Zeiten mit Stress und anderen Anstrengungen eine ausreichende Versorgung gesichert ist.

Schlanke Männer haben einen Fettanteil von 10 bis 20 Prozent und schlanke Frauen von 15 bis 25 Prozent. Frauen haben prinzipiell mehr Fettgewebe und weniger Muskulatur als Männer.

Evolutionstechnisch betrachtet musste die Frau Reserven für Schwangerschaft und Stillzeit anlegen und Männer als Jäger über ausreichend Muskulatur verfügen. Das ist der Grund dafür, dass noch heute der Energiebedarf von Männern durchschnittlich

200 bis 400 Kilokalorien über dem von Frauen liegt und Männer deutlich rascher abnehmen als Frauen. Männer tragen ihr Fettgewebe in der Regel am Bauch und Frauen in der Regel an den Hüften, dem Po und den Oberschenkeln. Während das männliche Fett rasch freisetzbar ist, ist das weibliche Fett in erster Linie in Notzeiten der Schwangerschaft und Stillzeit abbaubar.

> **Merke**
>
> Das weibliche Fett an Oberschenkel und Po ist nur schwer aktivierbar – aber Aufgeben zählt nicht!

Das Fettverteilungsmuster ist zu einem großen Teil erblich festgelegt. Doch ob sich diese genetische Anlage auch durchsetzen kann, wird von unserer Lebensweise deutlich beeinflusst. Rauchen, hoher Alkoholkonsum, zu wenig Bewegung und Stress fördern die Speicherung von Fett im Bauchraum. Mit dem Alter kommt es natürlicherweise zu einer langsamen Verschiebung der Fettdepots in Richtung Bauch. Dies lässt sich besonders gut bei Frauen in den Wechseljahren beobachten, da die Fettverteilung und der Stoffwechsel stark von den Geschlechtshormonen beeinflusst werden.

Grundsätzlich verändert sich der menschliche Körper deutlich. Von Jahrzehnt zu Jahrzehnt baut der Körper immer mehr Muskeln ab und immer mehr Fettzellen auf. Das ist einfach so. Aber einen großen Anteil dieser Entwicklung können Sie aufhalten, und für eine Ernährungsumstellung und eine Erhöhung der körperlichen Aktivität ist es nie zu spät. Fangen Sie heute an!

Die Drüsen sind selten schuld!

Maximal ein Prozent der Übergewichtigen kann aufgrund von hormonellen Störungen nicht oder nur außerordentlich schwierig abnehmen. Meist funktionieren die Drüsen gut. Insbesondere die Speicheldrüsen, die vom Essen gefordert werden. Eine Drüsenunterfunktion weisen viele Übergewichtige bei den Schweißdrüsen, die durch Sportmangel wenig belastet werden, auf. Bei hormonellen Störungen hilft der Endokrinologe weiter.

Für die Regulation der Nahrungsaufnahme sind letztlich Interaktionen zwischen dem Hunger- und Sättigungszentrum im Hypothalamus verantwortlich. Der Hypothalamus ist ein Bestandteil des Gehirns. Hunger und Sättigung entstehen also im Gehirn. Die Meldung über die Nahrungsaufnahme und die Füllung des Magens sind wichtige Bestandteile dieses Regelkreises.

Daher müssen Sie Nahrungsmittel essen, die ein großes Volumen haben, aber wenige Kalorien enthalten. Diese Nahrungsmittel füllen den Magen aus, üben einen Druck auf bestimmte Rezeptoren aus und diese signalisieren dem Hypothalamus „ich bin satt". Die Ankunft der Nahrung im Magen aktiviert über Dehnungsreize Nervenfasern, was als Sättigungssignal wahrgenommen wird.

Verschiedene Erkrankungen führen zu Übergewicht. Eine Hypothyreose, also eine Schilddrüsenunterfunktion, verursacht durch einen verminderten Energiebedarf Übergewicht. Das Cushing-Syndrom, das durch erhöhte Cortisonspiegel im Blut gekennzeichnet ist, ruft Fettablagerungen an bestimmten Körperstellen hervor. Aber diese Ursachen sind extrem selten der Grund für das Übergewicht.

Wenn ein übergewichtiger Mensch sein Problem mit den „Drüsen" erklärt, sind in der Regel die Speichel- sowie die Schweißdrüsen verantwortlich, denn er isst zu viel und bewegt sich zu wenig. Die Hunger-Sättigungsregulation wird beeinflusst von der Magendehnung, Nährstoffen wie dem Blutzucker und bestimmten Stimulantien. Wenn Sie glauben, dass bei Ihnen eine Störung der Drüsen vorliegt, gehen Sie zum Arzt und lassen das überprüfen. Der Facharzt für Endokrinologie ist Ihr Ansprechpartner.

Merke

Übergewicht hat nur in einem von 100 Fällen etwas mit den „Drüsen" zu tun. Aber bei Übergewichtigen sind oftmals die Speicheldrüsen durch Überernährung überfordert und die Schweißdrüsen durch Bewegungsmangel unterfordert.

Vom Zusehen wird niemand dick!

Der Satz „Ich muss den Kuchen oder das Leberwurstbrot nur ansehen und schon habe ich ein Kilogramm drauf" wird täglich hunderttausendfach ausgesprochen. Obwohl er eine Lüge ist. Um ein Kilogramm Fett an einem Tag zuzunehmen, müsste die Energiezufuhr bei mindestens 8000 Kilokalorien liegen, und das sind einige Torten und pfundweise Leberwurst. Es gibt kein Perpetuum Mobile, also etwas, das sich ohne Energie dauerhaft bewegt. Das gilt auch für den Menschen. Übergewichtige, die sagen, dass sie schon vom Ansehen dick werden, müssen sich vor Augen führen lassen, dass sie dann ein energieerzeugendes Perpetuum Mobile wären. Solche Menschen könnten dann die Weltenergieproblematik lösen. Also, jedes Pfund geht durch den Mund, und das Hüftgold kommt nicht vom Ansehen der Leberwurstbrötchen oder Tortenstücke, sondern vom Essen derselbigen. Ein Oberarzt der Universitätsklinik Aachen sagte einmal wütend nach der Vorlage eines Ernährungsprotokolls eines übergewichtigen Patienten, der natürlich wochenlang praktisch nichts gegessen, aber trotzdem zugenommen hatte: „Da wäre ich gerne Schweinemäster – Schweine, die nichts fressen und trotzdem fett werden!" Dieser Oberarzt hat mir aus der Seele gesprochen.

Viele Menschen belügen sich und ihre Umwelt den ganzen Tag, anstatt etwas an ihrem Leben zu ändern und damit die Erfolge zu ernten, die sie ernten möchten. Ich habe in den vergangenen 18 Jahren keinen Patienten erlebt, der nicht mit dem entsprechenden Durchhaltevermögen seine Ziele erreicht hätte. Es gab bei mir keinen einzigen Patienten, dem ich nicht auf dem Weg zu einer schlanke-

Von gesunder und maßvoller Ernährung wird niemand übergewichtig.

ren Figur und mehr Gesundheit hätte helfen können. Es sei denn, der Patient hat es selbst nicht wirklich gewollt.

Das Körpergewicht des Menschen wird in engen Grenzen reguliert und bleibt über lange Zeit relativ konstant. Dafür besitzt der Organismus funktionierende Anpassungsmechanismen.

Beispielsweise drosselt der Körper seinen Energiebedarf beim Fasten und Reduktionskost, die weniger als 1200 Kilokalorien enthalten. Nach einer solchen und kurzfristig gestalteten Reduktionskost steigt der Appetit, bis das Ausgangsgewicht wieder erreicht ist. Nur über eine längere Zeit lassen sich die Set-Points des Körpergewichts wirksam verändern. Zudem sollte eine Reduktionskost mehr als 1200 Kilokalorien enthalten und gut sättigend sein. Ideal sind für viele Menschen 1600 bis 1800 Kilokalorien. Lediglich ältere Übergewichtige, die sich nicht bewegen, müssen bei der Kalorienzufuhr unterhalb der 1400 Kilokalorien-Grenze bleiben. Die meisten Menschen, die abnehmen wollen, essen zu wenig und halten es daher nicht durch. Sind beide Eltern adipös, entwickeln bis zu 80 Prozent der Nachkommen auch eine Adipositas. Im Gegensatz dazu haben schlanke Eltern nur in 15 Prozent der Fälle übergewichtige Kinder. Viele übergewichtige Menschen haben eine Präferenz gegenüber fett- und zuckerreichen Lebensmitteln und Speisen. Übergewicht tritt meist durch übermäßige Kalorienaufnahme auf. Genetische und soziale Faktoren sowie das persönliche Umfeld sind weitere Ursachen. Nicht zu unterschätzen ist die Bewegungsarmut, die leicht zu Übergewicht führen kann.

Merke

Wenn Sie abnehmen wollen, dann nehmen Sie auch ab!

Übergewicht wird auch vererbt – aber Sie können es trotzdem bekämpfen!

Heute sind mehrere Punkte in den Genen bekannt, die eng mit Übergewicht und Adipositas verbunden sind. Aber es sind nur Punkte! Der genetische Anteil der Übergewichtsentstehung wird von Wissenschaftlern auf 30 bis 40 Prozent geschätzt. Das größte Problem bleibt aber die immer weiter zurückgehende Bewegung und das nahezu unbegrenzt zur Verfügung stehende Nahrungsangebot. Aber wer zwingt Sie eigentlich, der Bewegung aus dem Weg zu gehen und zu viele kalorienreiche Lebensmittel zu verzehren? Niemand. Also lassen Sie es doch und geben Sie Ihrem Körper eine Chance.

Während der Organismus zum Überleben früher bestrebt sein musste, ein Energieangebot sofort als Fett abzuspeichern, ist dieser Effekt heute für viele Menschen schwierig, denn er führt bei ihnen zu Übergewicht. Unser Körper weiß sozusagen noch nicht, dass es keine Hungersnöte mehr gibt und dass wir keinen Bauch brauchen, da wir Kühlschränke haben. Die Evolution des Menschen kommt mit der Wohlstands-

Übergewicht kann eine Erbanlage sein, die jedoch bereits in jungen Jahren bekämpft werden sollte.

gesellschaft nicht zurecht. Während der Mensch Jahrmillionen als Hamster konzipiert sein musste, da sich ständig Fasten und Nahrungsangebot abwechselten, steht heute immer ausreichend, nein, viel zu viel Energie zur Verfügung. Problematisch ist, dass wir heute nicht mehr die Nahrungsmittel in erster Linie aufnehmen, die in der Evolutionsgeschichte des Menschen üblich waren. In erster Linie nahm der Jäger und Sammler Homo sapiens Getreide, Früchte, Gemüse, Samen, Wasser, Hülsenfrüchte und Nüsse zu sich. Fleisch war schwer zu bekommen, denn dafür mussten Tiere erst erlegt werden. Und zubereitet werden. Das war kompliziert und gefährlich. Zudem hat der Mensch keinerlei Reißzähne, sodass er Fleisch erst essen konnte, wenn er es gegart hatte. Dafür musste er Feuer machen können. Der Fleischkonsum war auch gering, weil sich Fleisch kaum lagern ließ. Unsere

Vorfahren ernährten sich also vorwiegend vegetarisch und ergänzten diese Kost durch kleine Mengen Fleisch. Vor rund 25.000 Jahren kam dann fettreiche Milch hinzu. Bis vor rund 100 Jahren war Fett der wichtigste Stoff für den Menschen, der sein Überleben sicherte, denn Fett liefert hochkonzentriert Energie. Heute haben wir nur einen geringen Energiebedarf und Fett ist für uns praktisch überflüssig. Wussten Sie, dass Margarine nur entwickelt wurde, um einen Ersatz der teuren Butter zu haben, der der arbeitenden Bevölkerung hilft, das Energiedefizit auszugleichen?

> **Merke**
>
> Der Stoffwechsel vieler Menschen funktioniert wie bei einem Hamster!

Um den Stoffwechsel in Gang zu halten, ist der Organismus darauf angewiesen, neben Sauerstoff (mit der Atmung), Wasser (durch Trinken) und einigen Mikronährstoffen (Vitamine und Mineralien) auch energieliefernde Stoffe in Form von Kohlenhydraten, Fetten und Eiweißen (Proteinen) mit der Nahrung aufzunehmen. Während der Energieverbrauch kontinuierlich bis zum Todeszeitpunkt ohne Unterbrechung stattfindet, erfolgt die Nahrungsaufnahme beim Menschen nicht kontinuierlich, sondern als Mahlzeiten oder Snacks, die unregelmäßig über den Tag verteilt eingenommen werden. Daher muss die Energie gespeichert werden, um immer freisetzbar zu sein. Der für den Körper wichtigste Energiespeicher ist das Fettgewebe, in dem Fette gespeichert werden. Bei einem kurzfristigen Energiemangel setzt der Körper Kohlenhydratreserven aus der Leber und den Muskeln frei. Danach erfolgt die Verwertung von Körpereiweißen. Diese liegen beispielsweise als Muskulatur vor, die bei einer mangelhaften Energiezufuhr – also auch bei einer Gewichtsreduktion – abgebaut wird. Dadurch verringert sich die aktive Körpersubstanz und der Grundumsatz geht zurück. Das Fettgewebe greift der Körper erst nach einer Anpassungsphase von mehreren Tagen an. Daher verringert sich bei einer Crashdiät oder beim Fasten von weniger als 7 Tagen eigentlich nur die Muskelmasse, die Kohlenhydratreserven werden abgebaut und Wasser wird

verstärkt ausgeschieden. Fett wird bei diesen „Gewaltakten" nicht oder nur zu einem ganz geringen Anteil abgebaut.

> **Merke**
>
> Die Energiereserven entleeren sich langsam. Aber sie entleeren sich!

Ein Kilogramm Körperfett: 5.800 bis 7.000 Kilokalorien

Doch wie viele Kalorien müssen eingespart werden, um dem Körperfett den Garaus zu machen? Um ein Kilogramm Körperfettgewebe abzubauen, müssen zwischen 5.800 und 7.000 Kilokalorien eingespart werden. Also weniger mit der Nahrung zugeführt werden, als der Bedarf des Organismus ist. Dann baut der Körper Reserven – auch Fettreserven – ab. Fettgewebe besteht nicht zu 100 Prozent aus Fett. Sinnvoll ist es, bei einer ausgewogenen Stickstoffbilanz – also einer ausreichenden Proteinzufuhr – langsam das Fettgewebe abzubauen. In Studien – Stichwort Modifiziertes Fasten – zeigt sich eindeutig, dass bei einer Nullkalorien-Zufuhr weniger Fettgewebe abgebaut wird, als bei einer Kalorienzufuhr von 500 bis 800 Kilokalorien, die aber vorrangig aus Protein besteht. Die Zufuhr von Protein unterstützt also den Fettgewebsabbau.

Eine vor wenigen Jahren beim Europäischen Adipositas Kongress in Helsinki vorgestellte Studie zeigte, dass Protein im Rahmen einer Reduktionskost wirklich ein wichtiger Bestandteil ist. Die Wissenschaftler hatten Übergewichtige in zwei Gruppen geteilt. Beide Gruppen erhielten eine Reduktionskost mit gleicher Kalorienmenge. Eine Gruppe erhielt zusätzlich hochwertiges Protein. Und obwohl diese Gruppe damit auch mehr Kalorien täglich aufnahm, reduzierte sich bei ihr das Körpergewicht mehr als in der Gruppe ohne die Proteinzulage. Daraus lässt sich natürlich nicht schließen, dass Protein schlank macht, aber dass es durch die Erhaltung der aktiven Körpersubstanz – also der Muskulatur – und seine herausragende Sättigungswirkung ein oftmals zu wenig betrachteter Teil einer Reduktionskost ist.

Ideal sind Proteinträger, die reichlich Protein, aber wenig Fett und damit auch wenig Kalorien enthalten. Dazu gehören Magerquark, Harzer Käse, mageres Fleisch, Eiklar und Soja. Eine ideale Reduktionskost liegt 500 bis 750 Kilokalorien unterhalb des tatsächlichen Bedarfs. Bei leichtem Übergewicht vergrößern sich die Fettzellen und bei extremem Übergewicht kommt es zur Vermehrung der Fettzellen. Bei einer Gewichtsreduktion verkleinern sich die Fettzellen, während ihre Anzahl gleich bleibt. Zielsetzung ist aber, dass die Muskulatur erhalten bleibt, damit es nicht zum Jo-Jo-Effekt kommt. Und dafür benötigt der Körper Protein und Bewegung.

Merke

Proteine machen schlank und satt!

Sättigungskaskade:

1. Proteine – super sättigend (Empfehlung: magere Proteinträger wie Kabeljau oder andere Seefische, Harzer Käse oder andere magere Milchprodukte sowie fettarmes Rind- und Schweinefleisch)

2. Ballaststoffreiche Kohlenhydratträger – gut sättigend (Empfehlung: Hülsenfrüchte, Vollkornprodukte, Gemüse oder Frischobst)

3. Fett – kaum sättigend (Empfehlung: wenig hochwertiges Pflanzenöl, Lein-, Raps- oder Nussöle sowie Diätmargarine)

4. Kohlenhydrate mit hohem Glykämischem Index – macht hungrig (Empfehlung: Möglichst meiden!)

Wer Kalorien einspart, nimmt ab

Grundsätzlich muss die Energiezufuhr im Rahmen einer effektiven Körperfettreduktion unterhalb des Energiebedarfs liegen. Es muss also eine negative Energiebilanz erreicht werden. Das ist möglich durch eine Einsparung an Kalorien, durch eine Erhöhung des Bedarfs durch sportliche Aktivität oder im besten Falle durch beide vorgenannten Maßnahmen. Die Deutsche Gesellschaft für Ernährung hat zusammen mit der Österreichischen und der Schweizerischen Fachgesellschaft für Ernährung Referenzwerte herausgegeben. Der Energiebedarf ist von verschiedenen Faktoren abhängig – dazu gehören insbesondere:

Faktoren für den Energiebedarf:

- Alter
- Geschlecht
- Muskelmasse
- Sportliche Aktivität
- Genetische Faktoren
- Nährstoffrelation
- Körpertemperatur
- Außentemperatur
- Bestimmte Krankheiten

Das ständige Überangebot ständig verfügbarer schmackhafter Lebensmittel führt bei vielen Menschen zur überkalorischen Ernährung. Auch viele kleine Mahlzeiten und das sogenannte Snackingverhalten führen zu Übergewicht. Die Aufnahme von vielen kleinen Mahlzeiten führt zu einer ständigen Insulinausschüttung. Insulin ist ein anaboles Hormon, das Fettgewebe aufbaut und für Hunger sorgt. Ständiges Essen führt also zu Übergewicht. Viel sinnvoller ist es, drei oder vier sättigende größere Mahlzeiten zu essen. Dann kann in den Zwischenräumen der Insulinspiegel abfallen und dadurch Fettgewebe bei einer Reduktionskost abgebaut werden. Außerdem sind bei drei bis vier Mahlzeiten Hunger und Appetit geringer.

Im Vergleich zu fettreichen Lebensmitteln haben kohlenhydratreiche einen deutlich höheren Sättigungseffekt. Dieser ist extrem ausgeprägt bei ballaststoffreichen Lebensmitteln. Die am besten sättigenden Lebensmittel sind Pellkartoffeln und grobes Vollkornbrot. Ideales Mittagsgericht könnten daher Pellkartoffeln mit Kräuterquark (aus Magerquark, Zwiebeln, reichlich Kräutern, scharfen Gewürzen wie Cayennepfeffer und etwas Knoblauch) sowie einem Tomatensalat mit frischem Basilikum, Essig, Zwiebeln und ganz wenig Olivenöl (natürlich extra vergine) sein.

Ideal ist grundsätzlich eine Mischkost und keine Crashdiät mit Lebensmitteln und einer Zusammensetzung, die man dauerhaft nicht ein- und aushalten kann. Eine Diät muss den Weg zu einer neuen Ernährungsweise darstellen, sonst bleibt es eine Eintagsfliege. Daher sollten möglichst ausgewogene, aber kalorienreduzierte Mahlzeiten verzehrt werden, die sättigen und den Bedarf des Organismus an lebenswichtigen Fettsäuren, Eiweißbausteinen (Aminosäuren), aber auch Vitaminen und Mineralstoffen decken. Ideal ist es, wenn in jeder Mahlzeit sowohl süße als auch deftige Komponenten vorkommen. Also ein süßen Saft und ein deftiger Schinken. Oder haben Sie es noch nie erlebt, dass Sie nach einem Eierkuchen Appetit auf

Bockwurst, beziehungsweise nach einem Gyrosteller Appetit auf Schokolade haben? Der Körper ist durch die Evolution darauf eingestellt, denn in der Entwicklungsgeschichte des Menschen bedeutete süß kohlenhydratreich und deftig proteinreich. Essen Sie also immer Mahlzeiten, in denen beide Geschmackskomponenten befriedigt werden. Das vermeidet Appetit und Hunger gleichermaßen.

Merke

Süß und pikant in einer Mahlzeit vermeidet Appetit und Hunger!

Der menschliche Energiehaushalt

Der gesamte Energieverbrauch eines Menschen setzt sich zusammen aus dem Grundumsatz, der Thermogenese und dem aktivitätsabhängigen Verbrauch. Der Grundumsatz ist die Energie, die der Körper in völliger Ruhe verbraucht. Diese Energie wird benötigt, um die lebenswichtigen Körperfunktionen wie den Herzschlag, Atmungstätigkeit, Gehirnfunktion und alle weiteren Organtätigkeiten aufrecht zu erhalten. Der Grundumsatz macht den größten Teil, nämlich 50 bis 70 Prozent des gesamten Energieverbrauchs aus. Die Höhe des Grundumsatzes wird beeinflusst durch Geschlecht, Alter, verschiedene Hormone und durch unsere Gene. Außerdem steht er in engem Zusammenhang mit der Muskelmasse. Ein Mensch mit vielen Muskeln hat einen höheren Grundumsatz als einer mit weniger Muskeln. Da ein Mensch mit hohem Körpergewicht auch mehr Muskulatur besitzt als ein leichter Mensch, haben schwere Menschen auch einen höheren Grundumsatz als leichte.

Thermogenese ist die Wärmebildung des Körpers. Diese hängt zum großen Teil ab von der Umgebungstemperatur, da der Körper ja immer etwa die gleiche Temperatur behalten muss, egal, ob es draußen heiß ist oder ob es friert. Die Thermogenese wird aber auch beeinflusst durch das, was wir essen. Jeder Umsetzungsprozess, der im Körper abläuft, benötigt Energie, die zu einem gewissen Teil als Wärme abgegeben wird. Das heißt: Wir nehmen Nahrung auf, diese wird in Magen und Darm „zerlegt", damit sie im Körper verwertet werden kann. Bei dieser Umsetzung wird ein Teil der mit der Nahrung aufgenommenen Energie bereits wieder verbraucht. Diese Menge ist je nach Lebensmittel und Nährstoff sehr unterschiedlich. Zum Beispiel ist dies bei Kohlenhydraten deutlich mehr als bei Fett. Ein Teil dieser Energie wird als Wärme abgegeben. Auch die Menge der produzierten Wärme unterscheidet sich stark zwischen den einzelnen Nahrungsmitteln und Nährstoffen. Sie kennen das sicher, dass Ihnen zum Beispiel nach einem scharfen Essen besonders warm wird. Der Energieverbrauch durch körperliche Aktivität ist sehr variabel. Hierbei unterscheidet man wieder zwei Formen der Aktivität: Die spontane Aktivität, also Bewegungen, die wir unwillkürlich durchführen. Dazu gehört beispielsweise, sich das Haar aus dem Gesicht zu streichen, mit den Füßen zu wippen oder auch „Däumchen drehen". Auch eine angespannte Körperhaltung verursacht Energieverbrauch. Diese spontane Aktivität kann einen recht großen Teil unseres Energieverbrauchs ausmachen, obwohl man sich das kaum vorstellen kann. Dazu kommt noch die körperliche Aktivität, die willentlich durchgeführt wird: Gehen, jede Art von Sport, jede weitere Bewegung. An mehreren Stellen können ererbte Veranlagungen oder Gewohnheiten Einflüsse auf den Energiehaushalt ausüben. Schon geringe Unterschiede können auf Dauer große Differenzen im Gewicht verursachen.

Die Referenzwerte für die Nährstoffzufuhr in D, A, CH
Referenzwerte der DGE, ÖGE, SGE/SVE

ENERGIE

Richtwerte für die durchschnittliche Energiezufuhr in Abhängigkeit vom Grundumsatz und steigender körperlicher Aktivität (PAL-Werte*)

| | Körperliche Aktivität in kcal/Tag | | | | | |
| | (PAL-Wert 1,4)[1,*] | | (PAL-Wert 1,6)[2,*] | | (PAL-Wert 1,8)[3,*] | |
	m	w	m	w	m	w
15 bis unter 19 Jahre	2500	2000	2900	2300	3300	2600
19 bis unter 25 Jahre	2500	1900	2900	2200	3300	2500
25 bis unter 51 Jahre	2400	1900	2800	2100	3100	2400
51 bis unter 65 Jahre	2200	1800	2500	2000	2800	2300
65 Jahre und älter	2000	1600	2300	1800	2500	2100

Schwangere erhalten über die gesamte Schwangerschaft unabhängig vom PAL-Wert eine Zulage von 255 kcal/ Tag. Stillende erhalten unabhängig vom PAL-Wert folgende Zulage: bis einschließlich 4. Monat +635 kcal/ Tag; volles Stillen nach 4. Monat +525 kcal/ Tag; weiter partielles Stillen nach 4. Monat +285 kcal/ Tag

[1] *ausschließlich sitzende Tätigkeit mit wenig oder keiner anstrengenden Freizeitaktivität, z. B. Büroangestellte, Feinmechaniker*
[2] *sitzende Tätigkeit, zeitweilig auch zusätzlicher Energieaufwand für gehende und stehende Tätigkeiten, z. B. Laboranten, Kraftfahrer, Studierende, Fließbandarbeiter*
[3] *überwiegend gehende und stehende Arbeit, z. B. Hausfrauen, Verkäufer, Kellner, Mechaniker, Handwerker*
für sportliche Betätigung oder anstrengende Freizeitaktivitäten (30 bis 60 Minuten, 4-5 mal / Woche) können pro Tag 0,3 PAL-Einheiten zugelegt werden

Modifiziert nach Tabelle 5, Seite 32 der "Referenzwerte für die Nährstoffzufuhr"; Hrsg.: DGE, ÖGE, SGE, SVE; 1. Auflage 2000, Umschau/ Braus Verlag

Wenn Sie also an Gewicht abnehmen möchten, müssen Sie Ihren Organismus zwingen, seine Reserven abzubauen. Effektiv für Figur und Gesundheit ist es, wenn er in erster Linie die Fettreserven und nicht etwa die Muskulatur abbaut. Das ist nur zu erreichen, wenn bei ausreichender Eiweißzufuhr die Kalorienmenge eingeschränkt und/oder der Energieverbrauch durch mehr körperliche Aktivität – also Alltagsbewegung sowie Sport –

erhöht wird. Dann reduziert sich automatisch, langfristig und dauerhaft das Körperfett. Dafür sollte natürlich auch die Nahrungszufuhr in Art und Menge verändert werden. Die durchschnittliche Ernährungsweise in Deutschland ist eher dazu angetan, die Entstehung von Übergewicht zu fördern als den Aufbau eines schlanken, sportlichen und gesunden Körpers zu begünstigen. Aber oft bedeutet es, nur wenige Ernährungsgewohnheiten zu verändern, um große Erfolge zu erzielen. Erwarten Sie nicht zu viel von sich und seien Sie dauerhaft höchst erfolgreich!

ERNÄHRUNG

Fehlernährung in Deutschland – Verfügbare Mengen an Lebensmitteln pro Kopf und Tag (gemäß DGE-Ernährungsbericht):

Istzustand	Sollzustand
Fleisch 255 g	- 50 % und geringerer Fettgehalt
Fisch 41 g	+ 100 %, Seefisch
Milch 286 g	gleichbleibend – aber geringerer Fettgehalt
Käse/Quark 52 g	gleichbleibend – aber geringerer Fettgehalt
Eier 36 g	gleichbleibend
Butter 20 g	- 50 %
Schlachtfette 11 g	weglassen
Margarine 20 g	reich an ein- und mehrfach ungesättigten Fettsäuren, frei von Transfettsäuren und arm an gesättigten Fettsäuren
Speiseöl 29 g	reich an ein- und mehrfach ungesättigten Fettsäuren
Getreideprodukte 201 g	+ 50 % – ballaststoffreich
Hülsenfrüchte 2 g	ein Hülsenfruchtgericht wöchentlich
Kartoffeln 201 g	gleichbleibend, fettarm zubereitet
Stärke 2 g	gleichbleibend
Zucker 89 g	- 80 %

Istzustand	Sollzustand
Honig 3 g	gleichbleibend
Kakaomasse 5 g	gleichbleibend
Gemüse/Gemüsesäfte 218 g	+ 50 % – schonend zubereitet
Obst/Zitrusfrüchte/Säfte 347 g	+ 20 % – möglichst roh
Kaffee/Tee 17 g	gleichbleibend
Erfrischungsgetränke 512 g	zuckerfreie Lightgetränke
Bier 382 g	- 50 %
Wein/Sekt 67 g	gleichbleibend
Trinkbranntwein 18 g	weglassen
95 g Protein	- 25 %
134 g Fett	- 40 %
349 g Kohlenhydrate	+ 15 %
22 g Alkohol	< 10 -15 g
23,9 g Ballaststoffe	+ 30 %
974 mg Kalzium	gleichbleibend – in Risikogruppen 1/3 mehr Kalziumzufuhr über fettarme Milchprodukte
423 mg Cholesterin	- 55 %

Entspannt zum Wunschgewicht

Aber neben der Ernährung und der Bewegung gibt es noch einen weiteren Punkt: Das Verhalten und hier insbesondere das sogenannte Stressmanagement. Stress macht dick. Auch wenn wir akzeptieren, dass eine Kalorie eine Kalorie ist und wir keine Crash- und Extremdiäten einhalten, müssen wir unser Leben anders gestalten, um dauerhaft erfolgreich sein zu können.

Wir müssen uns kennenlernen, Fehler erkennen, Fehler akzeptieren und über Monate neue Verhaltensmuster trainieren. Wir müssen ehrlich mit uns sein und auch unsere individuellen Bedürfnisse kennenlernen.

Oftmals helfen nur ärztliche Konzepte zur dauerhaften Gewichtsreduktion. Wichtig ist es aber, auch zu akzeptieren, dass die Nachbarin oder die Verkäuferin eines Schlankheitspulvers natürlich weit weniger kompe-

Zur Verminderung der körperlichen und seelischen Anspannung können Entspannungstechniken während des Abnehmens eine wichtige Rolle spielen.

tent ist als eine Diätassistentin oder Ernährungswissenschaftlerin. Frau Brunnenberg führte in Aachen am Lehrgebiet Allgemeinmedizin von Frau Professor Dr. med. Waltraud Kruse eine Doktorarbeit der Medizin durch. Diese Doktorarbeit widmete sich der Frage, ob Entspannungstechniken wie Autogenes Training geeignet sind, interdisziplinäre Übergewichtskonzepte zu unterstützen. Dazu wurden 40 Übergewichtige in zwei Gruppen geteilt. Beide Gruppen erhielten eine intensive Schulung, Beratung und ärztliche sowie diätetische Aufklärung. Außerdem ergab sich ein intensiver gruppendynamischer Effekt. In einer Gruppe wurde zudem zum Autogenen Training angeleitet. In dieser Gruppe nahmen die Teilnehmer 3 bis 5 Kilogramm mehr ab als in der Gruppe ohne Autogenes Training. Entspannungstechniken können also Übergewichtigen beim Abnehmen helfen. Versuchen Sie, über die Volkshochschule oder Ihre Krankenkasse beziehungsweise niedergelassene Entspannungstherapeuten Autogenes Training zu erlernen und gönnen Sie Ihrem Körper Entspannung, die schlanker macht.

Praktisch kalorienfreie Lebensmittel – die 30 energieärmsten Lebensmittel (Kilokalorien bezogen auf 100 g Lebensmittel):

1.	Tee (Getränk)	0,5 kcal/100 g
2.	Kaffee (Getränk)	2,2 kcal/100 g
3.	Tee schwarz mit Milch (Getränk)	2,4 kcal/100 g
4.	Limonaden kalorienarm	2,6 kcal/100 g
5.	Kaffee mit Milch	4,1 kcal/100 g
6.	Pfifferling (Konserve)	6,7 kcal/100 g
7.	Tee schwarz mit Zucker	8,4 kcal/100 g
8.	Klare Suppe mit Einlage	10,0 kcal/100 g
9.	Tee schwarz mit Milch und Zucker	10,0 kcal/100 g
10.	Bambussprossen	10,5 kcal/100 g
11.	Endivien	11,0 kcal/100 g
12.	Steinpilze (Konserve)	11,2 kcal/100 g
13.	Pfifferling	11,5 kcal/100 g
14.	Kopfsalat	11,7 kcal/100 g
15.	Kaffee mit Milch und Zucker	11,7 kcal/100 g
16.	Artischockenboden (Konserve)	12,0 kcal/100 g
17.	Gewürzgurken	12,0 kcal/100 g
18.	Gurke, frisch	12,2 kcal/100 g
19.	Papaya, frisch	12,9 kcal/100 g
20.	Schwarzwurzel (Konserve)	12,9 kcal/100 g
21.	Rhabarber	13,1 kcal/100 g
22.	Eisbergsalat	13,1 kcal/100 g
23.	Gartenkürbis	13,4 kcal/100 g
24.	Rettich	13,6 kcal/100 g
25.	Chinakohl	13,6 kcal/100 g
26.	Spargel (Konserve)	13,9 kcal/100 g
27.	Champignon (Konserve)	14,1 kcal/100 g
28.	Feldsalat	14,3 kcal/100 g
29.	Tomatensaft	14,6 kcal/100 g
30.	Radieschen	14,6 kcal/100 g

Die größten Kalorienbomben – die 30 energiereichsten Lebensmittel (Kilokalorien bezogen auf 100 g Lebensmittel):

1.	Fritierfett	884,1 kcal/100 g
2.	Maiskeimöl	883,4 kcal/100 g
3.	Lebertran	882,6 kcal/100 g
4.	Sonnenblumenöl	882,6 kcal/100 g
5.	Pflanzliche Öle Linolsäure 30–60%	882,6 kcal/100 g
6.	Schweineschmalz	882,2 kcal/100 g
7.	Olivenöl	881,7 kcal/100 g
8.	Butterschmalz	881,0 kcal/100 g
9.	Sesamöl	880,7 kcal/100 g
10.	Distelöl (Saflöröl)	880,0 kcal/100 g
11.	Traubenkernöl	880,0 kcal/100 g
12.	Weizenkeimöl	880,0 kcal/100 g
13.	Walnussöl	880,0 kcal/100 g
14.	Erdnussöl	879,8 kcal/100 g
15.	Kokosfett, gehärtet	878,8 kcal/100 g
16.	Palmkernfett	878,1 kcal/100 g
17.	Bratfett	878,1 kcal/100 g
18.	Sojaöl	871,9 kcal/100 g
19.	Rindertalg	861,1 kcal/100 g
20.	Mayonnaise	789,3 kcal/100 g
21.	Mayonnaise 80% Fett	743,8 kcal/100 g
22.	Butter	741,2 kcal/100 g
23.	Margarine zum Kochen	709,8 kcal/100 g
24.	Diätmargarine	709,8 kcal/100 g
25.	Margarine, linolsäurereich	709,1 kcal/100 g
26.	Paranuss	660,4 kcal/100 g
27.	Walnuss	654,4 kcal/100 g
28.	Haselnuss	636,2 kcal/100 g
29.	Pistazie, geröstet und gesalzen	615,0 kcal/100 g
30.	Kokosnussraspeln	610,7 kcal/100 g

10 Überlegungen, die schlank machen können.

1. Wollen Sie wirklich abnehmen?

2. Warum möchten Sie abnehmen?

3. Was ist Ihr Ziel?

4. Ist das überhaupt möglich?

5. Denken Sie über Ihren Alltag nach – wo können Sie mehr Bewegung einplanen?

6. Wann bewegen Sie sich wie mehr und wann machen Sie welchen Sport?

7. Wiegen Sie sich nicht mehr!

8. Bestimmen Sie stattdessen alle 14 Tage Ihre Körperzusammensetzung mit der BIA und messen Sie Ihren Umfang an Bauch, Hüfte und Oberschenkel.

9. Welche Ernährungsfehler stellen Sie bei sich selbst fest?

10. Alle 4 Wochen können Sie mit sich selbst 2 bis 3 neue Ernährungsregeln aufstellen und diese durch ein Ernährungstagebuch prüfen und dokumentieren.

Der Diäten- vergleich

Zwei Drittel der Bevölkerung von Deutschland hat bereits „Diäterfahrung", Nach aktuellen Untersuchungen sind im Frühjahr 30 Prozent der Menschen „auf Diät", um den Winterspeck wieder loszuwerden. Die meisten Diäten versprechen mehr, als sie halten können. Mit dem folgenden Diätvergleich können Sie sich einen Überblick über die wichtigsten Diäten verschaffen.

APFELESSIG-DIÄT

Theorie:

Ein Apfelessig-Drink vor jeder Mahlzeit soll umfassende Wirkungen haben, wie beispielsweise Ankurbelung des Stoffwechsels. Die Kost soll fettarm und gemischt sein, abends kohlenhydratarm und eiweißreich. Eiweißreiche Drinks vor dem zu Bett gehen sollen während des Schlafes durch Wachstumshormone das Fett zur Verbrennung freisetzen. Die Apfelessig-Kur kann drei bis sieben Tage oder vier Wochen durchgeführt werden. Weiterhin werden Informationen zu Bewegung und Meditation gegeben.

Als Dauerkost geeignet:	Ja.
Risikonährstoffe/ -wirkstoffe:	Keine, da die Nährstoffzufuhr ausreichend ist.
Ernährungsmedizinisch nachvollziehbar/ wissenschaftliche Bewertung:	Die Wirkung des Apfelessigs ist noch nicht vollständig geklärt. Sicher ist nur, dass er nicht gesundheitsschädlich ist.
Ernährungsmedizinisch sinnvoll:	Ja, da die Nährstoffzufuhr ausreichend ist und Ernährungs- und Bewegungstipps gegeben werden.
Bewertung:	Unsinnig und wirkungslos.
Empfehlung:	Die Apfelessig-Kur ist nicht wegen des Apfelessigs zu empfehlen, sondern aufgrund der Ernährungs- und Bewegungstipps.

ANANAS-DIÄT

Theorie:

Bei der Ananas-Diät werden ausschließlich Ananas und aus Ananas hergestellte Säfte zugeführt.

Als Dauerkost geeignet:	Nein, da es zu einseitig ist.
Risikonährstoffe/ –wirkstoffe:	Besonders Eiweiß wird zu wenig aufgenommen, was zu einem Muskeleiweißabbau führt. Weiterhin werden zu wenige Kalorien zugeführt und der Vitamin-Nährstoffbedarf ist nur für wenige Tage ausreichend.
Ernährungsmedizinisch nachvollziehbar/ wissenschaftliche Bewertung:	Nicht nachvollziehbar.
Ernährungsmedizinisch sinnvoll:	Nein.
Bewertung:	Die Ananas-Diät liefert zu wenige Kalorien und zu wenig Eiweiß, wodurch der Körper beginnt, Körpersubstanz abzubauen. Also nicht empfehlenswert.
Empfehlung:	Gefährlich / nicht durchführen!

ATKINS-DIÄT

Theorie:

Kohlenhydrate sind Ursache für Übergewicht, denn nur die aufgenommene Energie von Kohlenhydraten wird im Fett gespeichert. In den ersten Wochen werden nur sehr geringe Mengen Kohlenhydrate aufgenommen, was den Organismus in die Fettverbrennung zwingen soll. Mit fortschreitender Zeit wird die Kohlenhydrataufnahme gesteigert. Eiweiß und Fett wird in hoher Kalorienmenge zugenommen, wodurch vermehrt Stoffwechselabbauprodukte (Ketonkörper) produziert werden. Der Urin muss regelmäßig auf Ketonkörper untersucht werden, wodurch die Atkins-Diät kompliziert in der Durchführung wird. Allgemein muss auf eine reichliche Flüssigkeitszuführung geachtet werden.

Als Dauerkost geeignet:	Aktuelle Erkenntnisse ergeben, dass eine modifizierte Aktins-Diät durchaus dauerhaft geeignet ist.
Risikonährstoffe/ -wirkstoffe:	Cholesterin und Purine werden übermäßig aufgenommen. Vitamine und Mineralien werden bei eingeschränkter Auswahl oft zu gering aufgenommen. Daher immer ein Multivitamin/Mineralstoffpräparat einnehmen.
Ernährungsmedizinisch nachvollziehbar/ wissenschaftliche Bewertung:	Die Atkins-Diät ist extrem kohlenhydratarm, wodurch Mangelerscheinungen auftreten können. Die aufgenommenen Purine werden zu Harnsäure im Körper abgebaut. Es kommt zur Hemmung der Harnsäureausscheidung durch die Niere und Anstieg des Harnsäurespiegels bis zu Gichtanfällen. Nach der Beendigung der Diät besteht die Gefahr der Bildung von Harnsäuresteinen in den ableitenden Harnwegen. Kontraindikationen der Atkins-Diät sind Fettstoffwechselstörungen, Gefäßverkalkung (Arteriosklerose), hohe Harnsäurespiegel im Blut und Diabetes mellitus.
Ernährungsmedizinisch sinnvoll:	Kaum zu empfehlen, da zu wenige Kohlenhydrate aufgenommen werden.
Bewertung:	Zur kurzfristigen Gewichtsabnahme geeignet.
Empfehlung:	Fraglich.

AYURVEDA

Theorie:

Ayurveda umfasst ein ganzheitliches Gesundheitskonzept indischen Ursprungs. In jedem Menschen sind die Lebensenergien Vata, Pitta und Kapha unterschiedlich enthalten, was eine individuelle Auswahl von Lebensmitteln und Mahlzeiten begründet. Die Basis aller drei Energietypen ist eine frische, lakto-vegetabile Kost, die Milchprodukte und pflanzliche Lebensmittel enthält. Fleisch, Fisch und Eier sollten nur begrenzt aufgenommen werden. Ayurveda wird durch Ernährungsregeln (zum Beispiel die Lebensmittelauswahl und deren Zubereitung), Meditation und Yoga unterstützt.

Als Dauerkost geeignet:	Ja.
Risikonährstoffe/ -wirkstoffe:	Nichts nachgewiesen.
Ernährungsmedizinisch nachvollziehbar/ wissenschaftliche Bewertung:	Die individuellen Ernährungstypen nach den Lebensenergien sind aus ernährungswissenschaftlicher Sicht nicht nachvollziehbar.
Ernährungsmedizinisch sinnvoll:	Ja. Unterstützt durch die Beschäftigung mit sich selbst.
Bewertung:	Bei Ayurveda ist die Energie- und Nährstoffzufuhr ausgewogen und ist daher empfehlenswert.
Empfehlung:	Eher eine Religion als eine Diätkostform.

BUCHINGER-FASTEN

Theorie:

Das Buchinger-Fasten wird häufig während einer stationären Behandlung durchgeführt, ist aber auch abgewandelt zu Hause durchführbar. Es ist kalorienreduziert durch Fastenmahlzeiten, wobei auf eine ausreichende Flüssigkeitszufuhr geachtet werden muss. Bei einem stationären Aufenthalt gehört ein täglicher Einlauf zur Darmreinigung dazu.

Als Dauerkost geeignet:	Nein.
Risikonährstoffe/ -wirkstoffe:	Protein, essentielle Fettsäuren, Vitamine, Mineralstoffe...
Ernährungsmedizinisch nachvollziehbar/ wissenschaftliche Bewertung:	Bei längerer Anwendung ergeben sich Mangelerscheinungen. Daher ist die stationäre Überwachung der Kur sinnvoll.
Ernährungsmedizinisch sinnvoll:	Nein.
Bewertung:	Fasten ist keine gesunde Methode zur Gewichtsreduktion.
Empfehlung:	Besser nicht fasten!

BRIGITTE-DIÄT

Theorie:

Die Brigitte-Diät empfiehlt drei Haupt- und zwei Zwischenmahlzeiten. Die Gerichte sind oft aufwendig in der Zubereitung, aber gegeneinander austauschbar. 1000 Kilokalorien pro Tag sind erlaubt, was bei manchen Menschen einen starken Willen fordert.

Als Dauerkost geeignet:	Ja. Sie ist ausgewogen, fettarm und ballaststoffreich und entspricht einer energiereduzierten Mischkost.
Risikonährstoffe/ -wirkstoffe:	Durch die geringe Kalorienzufuhr eventuell zu wenig Vitamine und Mineralien.
Ernährungsmedizinisch nachvollziehbar/ wissenschaftliche Bewertung:	Sinnvoll und nachvollziehbar / wird regelmäßig den wissenschaftlichen Erkenntnissen angepasst.
Ernährungsmedizinisch sinnvoll:	Ja, da die Nährstoffzufuhr ausreichend ist und Ernährungs- und Bewegungstipps gegeben werden.
Bewertung:	Gut geeignet.
Empfehlung:	Sinnvoll für eine dauerhafte Gewichtsreduktion.

BLUTGRUPPEN-DIÄT

Theorie:

Die Blutgruppe bestimmt die individuelle Ernährung und schützt vor Erkrankungen wie beispielsweise Krebs. Bei der ältesten Blutgruppe, nämlich der Blutgruppe 0, soll die Kost eiweißreich und kohlenhydratarm sein, wie bei den Höhlenmenschen, die vorwiegend Fleisch zuführten. Der Mensch entwickelte sich weiter, betrieb Ackerbau, und das Verdauungssystem veränderte sich. Menschen mit Blutgruppe A sollten sich daher vorwiegend vegetarisch ernähren. Bei Blutgruppe AB sind keine Besonderheiten zu nennen, da das Verdauungssystem am weitesten entwickelt ist. Werden die verschiedenen Ernährungsweisen nicht beachtet, verklumpen die Blutkörperchen und Darmentzündungen entstehen durch giftige Eiweißbestandteile, die Lektine.

Als Dauerkost geeignet:	Nein.
Risikonährstoffe/ -wirkstoffe:	Nichts nachgewiesen.
Ernährungsmedizinisch nachvollziehbar/ wissenschaftliche Bewertung:	Die Ernährung je nach Einteilung in die Blutgruppen ist wissenschaftlich nicht belegt.
Ernährungsmedizinisch sinnvoll:	Nein.
Bewertung:	Nicht durchführen.
Empfehlung:	Finger weg!

CM 3-ERNÄHRUNGSPROGRAMM

Theorie:

Die Kost ist eine ausgewogene Mischkost und fettarm. Die Zubereitung der Mahlzeiten ist unkompliziert, schnell, wobei auch fertige oder vorbereitete Produkte verwendet werden können. Es gibt drei Hauptmahlzeiten und zwei Zwischenmahlzeiten, bei denen maximal 1200 kcal pro Tag aufgenommen werden. Die Mahlzeiten sind individuell austauschbar, ganz auszulassen oder auch auf einen anderen Tag verschiebbar, wodurch das Durchhaltevermögen unterstützt wird.

Als Dauerkost geeignet:	Ja, da die Nährstoffauswahl ausgewogen ist.
Risikonährstoffe/ -wirkstoffe:	Keine.
Ernährungsmedizinisch nach-vollziehbar/ wissenschaftliche Bewertung:	Durch die ausgewogene Mischkost ist die CM 3-Mischkost ernährungsmedizinisch nachvollziehbar.
Ernährungsmedizinisch sinnvoll:	Ja.
Bewertung:	Sehr sinnvoll.
Empfehlung:	Durch die flexible Durchführung wird das Durchhaltevermögen unterstützt.
Info:	www.easyway.de

EASYWAY-DIÄT

Theorie:
Leicht durchführbar mit
abwechslungsreichen
Rezepten.

Als Dauerkost geeignet:	Ja.
Risikonährstoffe/ -wirkstoffe:	Keine.
Ernährungsmedizinisch nach-vollziehbar/ wissenschaftliche Bewertung:	Gut.
Ernährungsmedizinisch sinnvoll:	Ja.
Bewertung:	Gut geeignet.
Empfehlung:	Gut zur Gewichtsreduktion geeignet.
Info:	www.easyway.de

F.-X. MAYR-KUR

Theorie:

Die F.-X. Mayr-Kur basiert auf den drei „S":
Schonung, Säuberung und Schulung. Die
Schonung des Verdauungssystems durch
Entlastung und Regeneration erfolgt beispielsweise mit Heil-, Teefasten oder Milchdiät nach
Mayr. Die Säuberung des Körpers wird durch das
Abführen mit Bittersalz oder durch eine Trinkkur
durchgeführt. Die Schulung für das Wieder-
erlangen verlorener körperlicher Funktionen
kann mit Bauchatemübungen nach Mayr und
der Eingewöhnung der Esskultur nach Mayr
(zum Beispiel kleine Mahlzeiten, keine Rohkost
und kein Obst nach 16 Uhr) erlangt werden. Die
Kur ist nicht für Menschen mit Durchblutungs-
störungen (Arteriosklerose) und mit zu hohen
Harnsäurespiegeln anzuwenden.

Als Dauerkost geeignet:	Nein.
Risikonährstoffe/ –wirkstoffe:	Keine.
Ernährungsmedizinisch nach-vollziehbar/ wissenschaftliche Bewertung:	Nein.
Ernährungsmedizinisch sinnvoll:	Nein.
Bewertung:	Die Kur ist recht kompliziert in der Durchführung und sollte daher in spezialisierten Zentren stattfinden.
Empfehlung:	Finger weg!

FDH-PRINZIP

Theorie:

Bei dem „Friss die Hälfte-Prinzip" sind bei jeder Mahlzeit die Portionen zu halbieren. Bei der einfachen Durchführung sind keine Diätpläne einzuhalten und die Mahlzeiten sind individuell gestaltbar.

Als Dauerkost geeignet:

Mit der richtigen Lebensmittelauswahl ist das FdH-Prinzip auf Dauer anwendbar.

Risikonährstoffe/ -wirkstoffe:

Mineralien und Vitamine, die in normalen Portionen zum Teil auch schon zu gering enthalten sind, könnten bei der Reduzierung auf die Hälfte zu wenig zugeführt werden.

Ernährungsmedizinisch nachvollziehbar/ wissenschaftliche Bewertung:

Die Halbierung der meist schon vorher unausgewogen zusammengestellten Ernährung ist nicht zu empfehlen. Gerade bei einer Diät muss die Zufuhr aller wichtigen Nährstoffe gewährleistet sein.

Ernährungsmedizinisch sinnvoll:

Wird die Portion bei schlechten Ernährungsgewohnheiten halbiert ist das FdH-Prinzip nicht empfehlenswert. Es sollten gezielt Lebensmittel mit hoher Nährstoffdichte bevorzugt werden. Es können sich Defizite in der Nährstoffzufuhr ergeben.

Bewertung:

Ernährungsmedizinisch nicht sinnvoll – kein Lerneffekt.

Empfehlung:

Während der Durchführung kommt es gelegentlich zu Konzentrationsstörungen, Heißhungerattacken und Absinken des Grundumsatzes. Der Lerneffekt einer gesunden Ernährungsweise bleibt aus und die nächste Gewichtszunahme ist vorprogrammiert. Anstatt „FdH" sollte eher „IdR" „Iss das Richtige" verwirklicht werden. Denn langfristig kommt es auf die ausgewogene Ernährungsweise und nicht auf die Kalorienzufuhr an.

FIT FOR FUN-DIÄT

Theorie:

Das Ziel der Fit for fun-Diät ist die Änderung des Ernährungs- und Bewegungsverhaltens. Alle Lebensmittel sind erlaubt. Alkohol, Süßigkeiten und Fett sollten eingeschränkt zugeführt werden. Fünf Mahlzeiten (davon eine warme Mahlzeit) werden empfohlen, die insgesamt eine Energiezufuhr von 1500 bis 1800 kcal beinhalten. Bewegung und Sport spielen eine zentrale Rolle.

Als Dauerkost geeignet:	Ja.
Risikonährstoffe/ -wirkstoffe:	Keine.
Ernährungsmedizinisch nachvollziehbar/ wissenschaftliche Bewertung:	Optimal ist die Kombination einer ausgewogenen Ernährungsweise mit Bewegung, um langfristig das Körpergewicht zu senken.
Ernährungsmedizinisch sinnvoll:	Die Diät ist ernährungsphysiologisch empfehlenswert, da sie eine ausgewogene Ernährungsweise beinhaltet. Besonders hervorzuheben sind der hohe Kohlenhydrat-, Obst- und Gemüsegehalt und der geringe Fettverzehr.
Bewertung:	Sehr gut!
Empfehlung:	Die Diät ist hervorragend für eine langfristige Gewichtsreduktion geeignet. Durch die relativ hohe Kalorienzufuhr nimmt man langsam, aber dauerhaft ab. Positiv ist auch das ausreichende Sättigungsgefühl während der Diät.
Infos:	Buch „Fit for fun" von Prof. Dr. Michael Hamm, www.fitforfun.de

FIT FOR LIFE-DIÄT

Theorie:

Die Fit for life-Diät ist im Wesentlichen eine Variante der Hay`schen Trennkost. Hier werden ebenfalls eiweiß- und kohlenhydrathaltige Lebensmittel getrennt. Der Tag wird in eine Ausscheidungs- und in eine Nahrungsaufnahmephase differenziert, um den Magen-Darm-Trakt zu entlasten. In der Ausscheidungsphase von vier Uhr morgens bis mittags sollen nur Obst, Gemüse und Säfte verzehrt werden. In der Nahrungsaufnahmephase von mittags bis abends dürfen auch andere Lebensmittel verzehrt werden. Die gemischte Kost soll grundsätzlich möglichst unverarbeitet verzehrt werden. Verboten sind Milch und Milchprodukte, und Mineralwasser soll durch destilliertes Wasser ersetzt werden.

Als Dauerkost geeignet:	Nein.
Risikonährstoffe/ –wirkstoffe:	Kalzium- und Mineralstoffmangel, Ballaststoff- und Vitamin B-arm, Eisenzufuhr zu gering, Mangel an fettlöslichen Vitaminen.
Ernährungsmedizinisch nachvollziehbar/ wissenschaftliche Bewertung:	Viele Aussagen, wie beispielsweise auf Milch und Milchprodukte zu verzichten, da sie die Darmwände verkleben, sind wissenschaftlich nicht haltbar. Ebenso gibt es keine sinnvolle Begründung für die Verzehrstrennung von Kohlenhydraten und Eiweiß.
Ernährungsmedizinisch sinnvoll:	Die Fit for life-Diät führt zu Kalziummangel durch Verzicht auf Milch und Milchprodukte und zu Ballaststoff- und Vitamin B-Mangel durch die Einschränkung von getreidehaltigen Lebensmitteln. Weiterhin fallen Eisenzufuhr und Gehalt der fettlöslichen Vitamine zu gering aus, da weitgehend auf Fleisch und Fett verzichtet wird.
Bewertung:	Der hohe Obst- und Gemüsekonsum (bis zu 70 Prozent) ist als positiv zu beurteilen. Die Durchführung erweist sich als relativ kompliziert, da viele Ernährungsvorschriften beachtet werden müssen.
Empfehlung:	Finger weg!

FORMULA-DIÄTEN

Theorie:

Formula-Diäten sind industriell hergestellte Diäten, die als Fertigdrink oder in Pulverform zu erwerben sind. Das Pulver wird zu einem Getränk oder einer Suppe mit fettarmer Milch oder Wasser hergerichtet. Verschiedene Geschmacksrichtungen sorgen für Abwechslung. Der Energie- und Nährstoffgehalt der Formula-Produkte ist gesetzlich in der Diätverordnung festgelegt. Eine oder mehrere Mahlzeiten können pro Tag mit 800 bis 1200 kcal ersetzt werden.

Als Dauerkost geeignet:	Nein, da kein künstliches Produkt eine ausgewogene natürliche Ernährung langfristig ersetzen kann.
Risikonährstoffe/ -wirkstoffe:	Eine definierte Zusammensetzung mit allen lebensnotwendigen Nährstoffen ist gegeben. Der geringe Ballaststoffgehalt kann zu Verdauungsproblemen bei vollständigem Ersatz der Mahlzeiten führen.
Ernährungsmedizinisch nachvollziehbar/ wissenschaftliche Bewertung:	Insbesondere mit einem Ernährungs- und Bewegungsprogramm unter ärztlicher Aufsicht sinnvoll.
Ernährungsmedizinisch sinnvoll:	Als Einstieg zu einer kompletten Ernährungsumstellung und Gewichtsreduktion sind Formula-Diäten geeignet.
Bewertung:	Gute Methode zur Gewichtsreduktion.
Empfehlung:	Ein richtiges Ernährungsverhalten wird durch die Verwendung von Formula-Produkten nicht erlernt. Daher nur innerhalb eines Programms sinnvoll. Formula-Diäten sind einfach durchzuführen.
Info:	www.optifast.de, www.14avital.de www.formmed.de, www.precon.de, www.insumed.de, www.bodymed.de, www.insulean.de und www.finde-deine-diaet.de

HAY´SCHE TRENNKOST

Theorie:

Nach der Hay`schen Trennkost müssen eiweiß- und kohlenhydratreiche Lebensmittel getrennt verzehrt werden, da der Magen sie nicht gleichzeitig verdauen kann. Die Trennung ist jedoch nicht immer einzuhalten, da einige Lebensmittel Kohlenhydrate sowie Eiweiß enthalten. Morgens und abends sollte konzentriert kohlenhydratreich und mittags eiweißreich gegessen werden. Grundsätzlich gilt beim Verzehr der beiden Nährstoffe ein zeitlicher Abstand von vier Stunden.

Weiterhin ist der ausgeglichene Säure-Base-Haushalt von besonderer Bedeutung. Die Ernährung sollte aus 80 Prozent Basenbildnern (Obst und Gemüse) und maximal 20 Prozent Säurebildnern (Fleisch, Käse, Kartoffeln) bestehen. Neutrale Lebensmittel (Joghurt, Milch, Quark, Nüsse) dürfen zu beiden kombiniert werden. Durch den geringen Verzehr von Säurebildnern soll eine Übersäuerung verhindert werden, die Ursache für Erkrankungen sei.

Als Dauerkost geeignet:	Ja.
Risikonährstoffe/ -wirkstoffe:	Keine.
Ernährungsmedizinisch nach-vollziehbar/ wissenschaftliche Bewertung:	Nach wissenschaftlichen Erkenntnissen ist das Enzymsystem des menschlichen Magen-Darm-Traktes durchaus in der Lage, Eiweiß und Kohlenhydrate gleichzeitig zu verdauen. Weiterhin gibt es keinen wissenschaftlichen Beleg für den Nutzen der Trennung, denn durch die Kombination beider Nährstoffe erhöht sich die biologische Wertigkeit von Eiweiß.
Ernährungsmedizinisch sinnvoll:	Positiv ist der hohe Obst und Gemüsekonsum.
Bewertung:	Gut geeignet, wenn es zu einem verstärkten Obst-Gemüsekonsum kommt.
Empfehlung:	Die Kost hat zwar keine ernährungsphysiologischen Hintergründe, verstärkt aber die Beschäftigung mit der Ernährungsweise und das kann zur Gewichtsreduktion führen.

HOLLYWOOD-DIÄT

Theorie:

Die Hollywood-Diät dauert zwei Wochen, innerhalb derer 500 bis 800 kcal pro Tag verzehrt
werden. In den 20ern des letzten Jahrhunderts
wurde diese Diät von Ärzten aus Hollywood für
die Stars der damaligen Zeit entwickelt. Die
erlaubten Nahrungsmittel wie Hummer, Shrimps,
Fisch, mageres Fleisch und Geflügel, magere
Milch und Milchprodukte, Sojabohnen, Nüsse,
Erbsen, Fruchtsäfte, Mineralwasser sind eiweißreich, aber kohlenhydratarm. Kartoffeln, Brot
und Getreideprodukte dürfen nicht verzehrt
werden.

Als Dauerkost geeignet:	Nein, da durch einen niedrigen Energie-gehalt Mangelerscheinungen auftreten können.
Risikonährstoffe/ -wirkstoffe:	Ballaststoffarm, niedriger Energiegehalt.
Ernährungsmedizinisch nach-vollziehbar/ wissenschaftliche Bewertung:	Nicht sinnvoll.
Ernährungsmedizinisch sinnvoll:	Der Energiegehalt und der Ballast-stoffgehalt sind zu gering, ebenfalls wie die Trinkmenge.
Bewertung:	Nicht geeignet.
Empfehlung:	Finger weg!

KARTOFFEL-DIÄT

Theorie:

Das Ziel der Kartoffeldiät ist die Entwässerung des Körpers, die häufig für einzelne Diättage angesetzt wird. Pro Tag werden zirka 600 Gramm Pellkartoffeln und als Beilage Gemüse in fettfreier Zubereitung verzehrt.

Als Dauerkost geeignet:	Nein, da zu einseitige Ernährung.
Risikonährstoffe/ -wirkstoffe:	Protein, essentielle Fettsäuren, Vitamine und Mineralstoffe.
Ernährungsmedizinisch nachvollziehbar/ wissenschaftliche Bewertung:	Nein.
Ernährungsmedizinisch sinnvoll:	Nein.
Bewertung:	Richtige Ernährungsweisen werden nicht erlernt.
Empfehlung:	Finger weg!

MAKROBIOTIK

Theorie:

Makrobiotik, die sich am Zen-Buddhismus orientiert, wird als lebenslange Dauerkost empfohlen. Die Lebensmittel werden Yin und Yan zugeordnet, die sich gegenseitig ergänzen und in gleichem Maße aufgenommen werden sollten. Die heutige etwas abgemilderte Form der Makrobiotik schreibt 50 bis 60 Prozent Getreide, 20 bis 25 Prozent saisonales Gemüse und 5 bis 10 Prozent Suppe oder Hülsenfrüchte, Algen oder Fisch vor. Fermentierte Sojaprodukte wie zum Beispiel Miso und Tofu sind typische makrobiotische Lebensmittel.

Als Dauerkost geeignet:	Nein.
Risikonährstoffe/ -wirkstoffe:	Der Verzehr von Obst, Milchprodukten, Fleisch und fettreichen Lebensmitteln sollte reduziert und tropische Früchte und Tomaten ganz gemieden werden. Die Trinkmenge sollte so gering wie möglich sein.
Ernährungsmedizinisch nachvollziehbar/ wissenschaftliche Bewertung:	Die Makrobiotik enthält eine unausgewogene Nahrungsmittelauswahl. Aufgrund fehlender Milchprodukte kommt es zu Kalziummangelzuständen. Der Salzgehalt ist durch die Sojaprodukte zu hoch, der Algenverzehr kann Störungen im Jodstoffwechsel nach sich ziehen, der Fettgehalt ist zu gering, ebenso wie der Flüssigkeitsgehalt.
Ernährungsmedizinisch sinnvoll:	Nein.
Bewertung:	Nicht empfehlenswert.
Empfehlung	Finger weg!

MARKERT-DIÄT

Theorie:

Die Markert-Diät ist eine Art Fastenkur, bei der über einen Zeitraum von zwei Wochen Gemüsebrühe, Tee und spezielle Eiweißdrinks verzehrt werden. Es ist eine moderne Form des proteinmodifizierten Fastens. Die Markert-Diät soll zu einer Aktivierung der Schilddrüse führen, wodurch der Kalorienverbrauch steigt, die Kalorien sinken und der Jo-Jo-Effekt verhindert werden soll. Die Markert-Diät darf bei Herz-Kreislauf-Patienten nur unter ärztlicher Aufsicht durchgeführt werden.

Als Dauerkost geeignet:	Durchaus.
Risikonährstoffe/ -wirkstoffe:	Keine.
Ernährungsmedizinisch nach-vollziehbar/ wissenschaftliche Bewertung:	Die Aktivierung der Schilddrüsenhormone ist nicht für die Gewichtsreduktion verantwortlich. Der Jo-Jo-Effekt wird wie bei allen anderen Diäten auch nur verhindert, wenn man nicht in die alten Ernährungsweisen zurückverfällt.
Ernährungsmedizinisch sinnvoll:	Zu geringe Kalorienzufuhr.
Bewertung:	Mit ärztlicher Überwachung sinnvoll.
Empfehlung:	Die neue Markert-Diät ist ernährungsmedizinisch einwandfrei.

MAX-PLANCK-DIÄT

Theorie:

Die Max-Planck-Diät ist eine sehr eiweißreiche Diät, bei der bis zu sieben Eier pro Woche, viel mageres Fleisch, Salat und Gemüse verzehrt werden. Es gibt sie in verschiedenen Versionen, die meist von Hand zu Hand gereicht werden.

Als Dauerkost geeignet:	Ja.
Risikonährstoffe/ -wirkstoffe:	Keine bekannt.
Ernährungsmedizinisch nachvollziehbar/ wissenschaftliche Bewertung:	Das Versprechen, neun Kilo durch eine Stoffwechseländerung in nur zwei Wochen zu verlieren, beruht auf keinem wissenschaftlichen Hintergrund. Die Gewichtsabnahme ist unrealistisch und basiert lediglich auf Wasserverlusten.
Ernährungsmedizinisch sinnvoll:	Zu einseitig.
Bewertung:	Der Name der Diät steht in keiner Verbindung mit dem gleichnamigen Max-Planck-Institut.
Empfehlung:	Finger weg!

MAYO-DIÄT

Theorie:

Die Mayo-Diät ist eine sehr eiweißreiche, kalorienreduzierte, fettreduzierte Kost.

Als Dauerkost geeignet:	Nein.
Risikonährstoffe/ -wirkstoffe:	Keine bekannt.
Ernährungsmedizinisch nachvollziehbar/ wissenschaftliche Bewertung:	Nein.
Ernährungsmedizinisch sinnvoll:	Bei Einhaltung des Diätplans ist die Mayo-Diät ausgewogen und abwechslungsreich.
Bewertung:	Nicht geeignet.
Empfehlung:	Finger weg!

MONTIGNAC-METHODE

Theorie:

Bei der Montignac-Methode sollen Eiweiße und Kohlenhydrate getrennt verzehrt werden. Die Lebensmittel werden nach dem glykämischen Index (Anstieg des Blutzuckers nach einer Mahlzeit) unterteilt. Lebensmittel mit einem niedrigen glykämischen Index, wie Haferflocken, Vollkornbrot und Obst, sind zu bevorzugen. Einen hohen glykämischen Index haben Kartoffeln, Weißmehlprodukte und Zucker. Empfohlen werden mageres Fleisch, Obst und Gemüse. Das wirkt sich positiv auf den Fettabbau aus. Die Diät wird in den zwei Stufen Gewichtsreduktion und anschließender Lernphase vollzogen.

Als Dauerkost geeignet:	Ja.
Risikonährstoffe/ -wirkstoffe:	Fett.
Ernährungsmedizinisch nachvollziehbar/ wissenschaftliche Bewertung:	Die Trennung ist aus ernährungswissenschaftlicher Sicht nicht sinnvoll. Auch wenn die Begründungen einleuchten erscheinen, sind die Stoffwechselvorgänge im Organismus viel komplexer. Wissenschaftlich wird der glykämische Index nicht im Zusammenhang mit Übergewicht verwendet.
Ernährungsmedizinisch sinnvoll:	Zu geringe Fettzufuhr, zu geringe Obst- und Gemüsezufuhr. Verbot von Kartoffeln und Verzehr von drei Eiern als Zwischenmahlzeit sind ernährungswissenschaftlich nicht haltbar. Ausgewogen, vollwertig, Verzicht auf Zucker, weißes Mehl und Reis: positiv, Vollkornprodukte liefern ausreichend Ballaststoffe.
Bewertung:	Ok.
Empfehlung:	Etwas mehr essentielle Fettsäuren machen die Montignac-Kur zu einer gesunden Gewichtsreduktionsmöglichkeit.

NULL-DIÄT

Theorie:

Bei der Null-Diät wird völlig auf die Zufuhr fester Nahrung verzichtet. Die Trinkmenge wird auf drei bis vier Liter pro Tag gesteigert, um eine Ausscheidung der Stoffwechselprodukte zu gewährleisten und Vitamine und Mineralien über die Flüssigkeit in ausreichender Menge zuzuführen.

Als Dauerkost geeignet:	Nein.
Risikonährstoffe/ -wirkstoffe:	Alle Nährstoffe, besonders Eiweiß, Mineralien und Vitamine.
Ernährungsmedizinisch nachvollziehbar/ wissenschaftliche Bewertung:	Die Null-Diät ist eine extreme Methode, die sehr belastend für Herz und Kreislauf ist. Eine hohe Menge an Muskeleiweiß wird abgebaut. Störungen des Mineral-Flüssigkeitshaushaltes und der Harnsäureausscheidung sind vorprogrammiert. Es kann zu Bildung von Gallen- und Nierensteinen kommen.
Ernährungsmedizinisch sinnvoll:	Nein.
Bewertung:	Lebensgefährlich!
Empfehlung:	Finger weg!

PUNKTE-DIÄT

Theorie:

Die Lebensmittel werden in ein Punkteschema eingeteilt: Hohe Punktzahlen haben kohlenhydratreiche, niedrige haben eiweiß- und fettreiche Lebensmittel. Pro Tag dürfen Lebensmittel mit höchstens bis zu 60 Punkten verzehrt werden. Grundsätzlich soll auf die Einnahme von Kohlenhydraten verzichtet werden, was zu einer Gewichtsreduktion führen soll. Bei Stoffwechselerkrankungen wie Diabetes mellitus und Gicht ungeeignet.

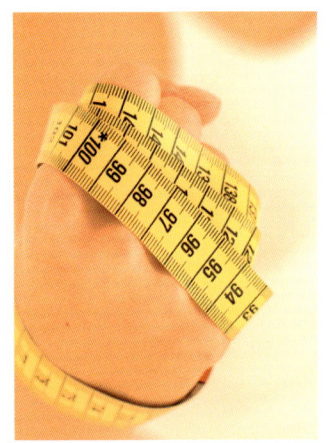

Als Dauerkost geeignet:	Ja.
Risikonährstoffe/ -wirkstoffe:	Keine.
Ernährungsmedizinisch nach-vollziehbar/ wissenschaftliche Bewertung:	Fett und Eiweiß werden erhöht zugeführt. Nährstoffzufuhr unausgewogen, viel zu wenige Mineralien und Vitamine.
Ernährungsmedizinisch sinnvoll:	Nein.
Bewertung:	Es wird eine Ernährungsumstellung erreicht.
Empfehlung	Finger weg!

REIS-DIÄT

Theorie:

Bei der Reis-Diät wird vorwiegend Reis mit Apfelmus verzehrt. Der maximale Kaloriengehalt beträgt 1000 kcal täglich. Nach vier Wochen kann auch Gemüse und Fisch ergänzt werden. Hierbei wird lediglich das Körperwasser entwässert.

Als Dauerkost geeignet:	Nein.
Risikonährstoffe/ -wirkstoffe:	Zu wenig Eiweiß, Vitamine und Mineralien werden zugeführt.
Ernährungsmedizinisch nachvollziehbar/ wissenschaftliche Bewertung:	Für die Reis-Diät gibt es keinerlei wissenschaftlichen Hintergrund und aus keinem Grund ernährungsmedizinisch nachvollziehbar.
Ernährungsmedizinisch sinnvoll:	Zu einseitig.
Bewertung:	Die Durchführung ist einfach und preiswert. Eine Umstellung der Ernährung wird hierdurch nicht erlernt. Diese Diät müsste verboten werden.
Empfehlung:	Finger weg!

SAFTFASTEN

Theorie:

Beim Saftfasten werden ausschließlich (frisch gepresste) Obst- und Gemüsesbrühen verzehrt. Der Energiegehalt pro Tag liegt bei 300 kcal. Zusätzlich sollten zwei bis drei Liter Wasser getrunken werden.

Als Dauerkost geeignet:	Nein.
Risikonährstoffe/ -wirkstoffe:	Alle Nährstoffe.
Ernährungsmedizinisch nach-vollziehbar/ wissenschaftliche Bewertung:	Nein.
Ernährungsmedizinisch sinnvoll:	Nein.
Bewertung:	Schnell aufkommendes Hungergefühl.
Empfehlung:	Finger weg!

SCHROTH-KUR

Theorie:

Meist wird die Schroth-Kur drei bis vier Wochen stationär in einer Klinik durchgeführt. Das Ziel der Kur sind Entschlackung und Gewichtsreduktion. Der Diätplan wird in Trocken- und Trinktage gegliedert. An Trockentagen werden alte Brötchen, Getreidebrei und keine Flüssigkeit, außer ein Achtel Liter Wein, verzehrt. An Trinktagen werden Tee, Suppe und ein halber bis ein Liter Wein getrunken.

Als Dauerkost geeignet:	Nein.
Risikonährstoffe/ -wirkstoffe:	Nährstoffe und Flüssigkeit.
Ernährungsmedizinisch nachvollziehbar/ wissenschaftliche Bewertung:	Stoffwechselprodukte werden nach wissenschaftlichen Erkenntnissen nicht im Körper als Schlacken abgelagert, sondern über die Nieren ausgeschieden.
Ernährungsmedizinisch sinnvoll:	Die Schroth-Kur ist ernährungsmedizinisch nicht sinnvoll, da die Kost zu einseitig, der Alkoholkonsum zu hoch und die Flüssigkeits- und Nährstoffaufnahme zu gering ist.
Bewertung:	Eine Umstellung der Ernährungsweise wird nicht erlernt.
Empfehlung:	Finger weg!

STRUNZ-DIÄT

Theorie:

Bei der Strunz- Diät wird viel Obst und Gemüse sowie mageres Eiweiß (zum Beispiel Magerjoghurt) empfohlen.

Als Dauerkost geeignet:	Ja.
Risikonährstoffe/ -wirkstoffe:	Keine.
Ernährungsmedizinisch nachvollziehbar/ wissenschaftliche Bewertung:	Die Zufuhr einiger Nährstoffe entspricht nicht immer den Empfehlungen der Ernährungswissenschaft.
Ernährungsmedizinisch sinnvoll:	Ja.
Bewertung:	Gut geeignet.
Empfehlung:	Durch die Diät sollen sich Denkfähigkeit, Fitness und Schönheit erhöhen.
Infos:	Das Buch „Forever Young" von Dr. med. Ulrich Strunz, www.strunz.com

WEIGHT WATCHERS-PROGRAMM

Theorie:

Die Mitglieder des Weight Watchers-Programms treffen sich wöchentlich. Bei diesen Treffen stellen sich die Mitglieder ihren Ernährungsplan nach gewissen Richtlinien selber zusammen. Die zu führenden Ernährungsprotokolle und die wöchentlichen Gruppentreffen sind als psychologische Unterstützung zu verstehen. Verzehrt wird eine kalorienreduzierte Mischkost mit einem Normalplan mit zirka 1200 kcal pro Tag oder einem reduzierten Plan mit zirka 900 kcal pro Tag, wobei keine Mahlzeit ausgelassen werden darf.

Als Dauerkost geeignet:	Ja.
Risikonährstoffe/ -wirkstoffe:	Keine, da kalorienreduzierte Mischkost.
Ernährungsmedizinisch nachvollziehbar/ wissenschaftliche Bewertung:	Die Kombination von kalorienreduzierter Mischkost und wöchentlicher Betreuung in der Gruppe ist als sinnvoll zu beurteilen.
Ernährungsmedizinisch sinnvoll:	Ja, da eine kalorienreduzierte Mischkost ausreichend Nährstoffe für die Abnahmewilligen liefert.
Bewertung:	Gut geeignet.
Empfehlung:	Durch Motivationssteigerung und Tipps zur Ernährung wird dauerhaft eine Umstellung der Ernährungsweise und eine Gewichtsreduktion erzielt.

ZITRONENSAFT-DIÄT (oft auch als Kur bezeichnet)

Theorie:

Bei der Zitronensaft-Diät wird täglich der verdünnte Saft von drei bis sechs Zitronen mit zirka 18 Löffeln Ahornsirup (hoher Zucker-gehalt) und etwas Cayennepfeffer getrunken. Magen- und Darm-Beschwerden können durch die ungewohnte Säurezufuhr auftreten. Die Gewichtsreduktion erfolgt durch vermehrte Wasserausscheidung und nicht durch Fettabnahme.

Als Dauerkost geeignet:	Nein.
Risikonährstoffe/ -wirkstoffe:	Alle Nährstoffe.
Ernährungsmedizinisch nach-vollziehbar/ wissenschaftliche Bewertung:	Absolut nicht, da höchstens 200 kcal fast ausschließlich in Form von Kohlen-hydraten zugeführt werden.
Ernährungsmedizinisch sinnvoll:	Nein, sie ist sogar gefährlich.
Bewertung:	Gefährlich!
Empfehlung:	Finger weg!

ABNEHMEN-MIT-VERNUNFT-DIÄT

Theorie:

Bei der Abnehmen-mit-Vernunft-Diät wird eine ausgewogene Ernährung mit Einschränkung des Fett- und Fleischkonsums empfohlen. Ziel ist eine langfristige Umstellung der bisherigen Ernährungsgewohnheiten.

Als Dauerkost geeignet:	Ja.
Risikonährstoffe/ -wirkstoffe:	Keine.
Ernährungsmedizinisch nach-vollziehbar/ wissenschaftliche Bewertung:	Ja, sehr gut.
Ernährungsmedizinisch sinnvoll:	Ausgewogene Ernährung.
Bewertung:	Gut geeignet.
Empfehlung:	Gute Methode zur Änderung der Lebens- und Ernährungsweise.

Theorie:

Bei der Wundersuppen-Diät wird täglich eine Suppe aus verschiedenen Gemüsesorten und zirka zwei Litern Wasser gekocht, die während des Tages verzehrt wird.

Foto: Carmen Steiner

Als Dauerkost geeignet:	Nein.
Risikonährstoffe/ -wirkstoffe:	Vitamine, Mineralien, Fett, Eiweiß und Kohlenhydrate.
Ernährungsmedizinisch nach-vollziehbar/ wissenschaftliche Bewertung:	Nein / nicht sinnvoll.
Ernährungsmedizinisch sinnvoll:	Die Suppe enthält nur Ballaststoffe und wenige Kohlenhydrate und ist daher sehr kalorienarm.
Bewertung:	Gefährlich!
Empfehlung:	Finger weg!

DIE MÜLLER-DIÄT

Theorie:

Die Müller-Diät ist eine moderate Diätkostform, die neben einer Ernährungsumstellung zusätzlich auf ein Bewegungs- und Verhaltensprogramm setzt. Die Müller-Diät baut auf ein 3-Mahlzeiten-Programm. Sie ist relativ fettarm, enthält reichlich sättigende Ballaststoffe sowie Proteine. Ziel ist eine langfristige Umstellung der bisherigen Ernährungsgewohnheiten.

Als Dauerkost geeignet:	Ja.
Risikonährstoffe/ -wirkstoffe:	Keine.
Ernährungsmedizinisch nachvollziehbar/ wissenschaftliche Bewertung:	Ja, sehr gut.
Ernährungsmedizinisch sinnvoll:	Ausgewogene Ernährungsweise.
Bewertung:	Gut geeignet.
Empfehlung:	Gute Methode zur Änderung der Lebens- und Ernährungsweise.
Info:	Die Müller-Diät (Schlütersche), www.muellerdiaet.de

5 schlanke Wochen

1. Woche
MONTAG

Sattmacher Frühstück

100 g	Naturjoghurt
50 g	Haferflocken
50 g	Birne
50 g	Apfel
50 g	Banane
20 g	getr. Aprikosen
1 TL	Walnüsse
Süßstoff und Zitronensaft nach Geschmack, Zimt	

Joghurt mit den restlichen Zutaten vermischen und abschmecken.

200 ml Kaffee mit Kondensmilch 4% Fett, evtl. mit Süßstoff
2 große Gläser Mineralwasser

Zwischenmahlzeit:

Knusper-Knäcke mit Camembert

1	Scheibe Knäckebrot
5	Radieschen
1 TL	Schnittlauchröllchen
30 g	Camembert „Leicht"

2 große Gläser Mineralwasser

Mittagessen:

Gefüllte Zucchini-Schiffchen auf Tomatenreis

Gefüllte Zucchini:	
150 g	Zucchini
80 g	gemischtes Hackfleisch
2 EL	Zwiebel
1 TL	Parmesan
Kräutersalz, weißer Pfeffer, Kerbel, Knoblauch	

Zucchini aushöhlen, Hackfleisch mit Zwiebelwürfelchen mischen und würzen. Hackfleisch in die ausgehöhlte Zucchini geben und in eine Auflaufform legen. Bei 180 Grad Celsius 30 min backen. 10 min vor Ende der Backzeit den Parmesan über die Zucchinischiffchen streuen.

Variante: Anstatt einer Zucchini können Sie auch eine Aubergine verwenden.

Tomatensoße:

1 TL	Zwiebel
1 TL	Tomatenmark
2 EL	Zucchiniwürfel
2 EL	grüne Paprikawürfel
1 TL	Olivenöl

Tomatensalz, schwarzer Pfeffer, Oregano, Basilikum, Knoblauch, Spritzer Süßstoff

Zwiebelwürfel, Paprikawürfel, Zucchiniwürfel in Olivenöl anbraten, das Tomatenmark und die Tomatenwürfel dazugeben und abschmecken.

Tomatenreis:

150 g	Naturreis (50 g roh)
1/2 TL	Tomatenmark

Pfeffer, Salz

Reis in Salzwasser bissfest garen, abschütten, mit Tomatenmark mischen und abschmecken.

1/2 l Mineralwasser
150 ml Grapefruitsaft

Abendessen:

Warmer Kartoffelsalat mit Kohlrabibrot

150 g	Kartoffeln
1 EL	Zwiebeln
80 g	Mixed Pickles
1 TL	Sonnenblumenöl
1 TL	Schnittlauchröllchen
1 TL	gekörnte Brühe mit Wasser

nach Bedarf Kräutersalz, weißer Pfeffer, Senf, Süßstoff nach Geschmack, Weinbrandessig

Kartoffeln als Pellkartoffeln mit gekörnter Brühe garen, pellen und in Scheiben schneiden, Mixed Pickles dazugeben. Die restlichen Zutaten zu einem Dressing verarbeiten und darüber geben. Mit etwas heißem Kartoffelwasser aufgießen und sofort servieren.

Kohlrabibrot:

1	Scheibe Vollkornbrot
80 g	Kohlrabi
1 TL	Schnittlauchröllchen

Kräutersalz, weißer Pfeffer

2 große Gläser Mineralwasser

Analyse:	1400 kcal	62 g Eiweiß	42 g Fett
	183 g Kohlenhydrate	27 g Ballaststoffe	2050 ml Flüssigkeit

DIENSTAG

Obstkombination mit Flakes

1	kleine Kiwi
6	kleine Erdbeeren
1/4	Mango
3 EL	Cornflakes
1/2	Becher Naturjoghurt 1,5 % Fett (75 g)
1 TL	Honig
1 TL	gem. Haselnüsse
	Zitronensaft und Süßstoff nach Geschmack

Die geschälte Kiwi, die geschälte Mango und die Erdbeeren in mundgerechte Stücke teilen. Joghurt mit Honig und Haselnüssen vermischen, abschmecken und über das Obst geben. Flakes darüber streuen.

200 ml Kaffee mit Kondensmilch 4% Fett, evtl. mit Süßstoff
2 große Gläser Mineralwasser

Zwischenmahlzeit:

Knabber-Gemüsesticks mit peppigem Dip

Dip:	
80 g	Magerquark
1 TL	Tomatenmark
1 EL	Zwiebelwürfel
1 TL	Schnittlauchröllchen
	Kräutersalz, schwarzer Pfeffer, Paprika edelsüß, Tabasco, Knoblauch

Magerquark mit den restlichen Zutaten vermischen und kräftig abschmecken.

Gemüsesticks:	
5	Radieschen
1	kleines Stück Rettich
1	kleines Stück Kohlrabi
1/2	kleine Mohrrübe
1	kleines Stück Gurke
3	Blatt Chicoree

Die Gemüsesticks in den Dip tauchen und essen.
2 große Gläser Mineralwasser

Mittagessen:

Apfelleber mit Kartoffelpüree „Heinrich der Löwe"

120 g	Leber
1 TL	Sojaöl
4 EL	Zwiebel
1	kleiner Apfel

Die Leber in mundgerechte Stücke teilen und mit den Apfelvierteln sowie Zwiebelscheiben in Öl kräftig anbraten.

Soße:

1 EL	Apfelsaft
2 EL	Kondensmilch 4 % Fett
2 EL	Wasser
1 TL	Soßenbinder braun
Salz, weißer Pfeffer	

Mit Saft ablöschen, abschmecken, mit Kondensmilch aufgießen und mit Soßenbinder abbinden.

Püree:

200 g	Kartoffeln
50 ml	Milch 1,5% Fett
evt. Kartoffelwasser Salz, Muskat	

Kartoffeln als Salzkartoffeln garen, zerstampfen, Milch und Gewürze dazugeben.

2 große Gläser Mineralwasser
1 großes Glas kalorienarmes Light-Getränk (Coca Cola light)

Paprika-Käseaufstrich mit Fenchelrohkost

1 Scheibe	Sonnenblumen-vollkornbrot
1 Scheibe	Knäckebrot

Fenchelrohkost:

150 g	Fenchel
1 EL	Ananas
1 EL	Mandarinen
1/4	kleiner Apfel
2 EL	Naturjoghurt 1,5 % Fett
1 TL	Sojaöl
1 EL	Grapefruitsaft oder Orangensaft
Jodsalz, weißer Pfeffer, Curry, Zitronensaft, Senf, Süßstoff nach Geschmack, geh. Dill	

Fenchel in mundgerechte Stücke schneiden, Ananas, Mandarinen und Apfelstückchen dazugeben. Die restlichen Zutaten zu einem Dressing verrühren und darüber geben.

Paprika-Käseaufstrich:

60 g	Körniger Frischkäse
1 EL	Zwiebel
2 EL	Paprikawürfel
1 TL	geh. Kerbel, Kräutersalz,
weißer Pfeffer, Paprika edelsüß	

Körnigen Frischkäse mit Zwiebelwürfeln, Paprikawürfeln und Kerbel vermengen und kräftig abschmecken.

2 große Gläser Mineralwasser
1 große Tasse Kräutertee

Analyse:	1387 kcal	79 g Eiweiß	35 g Fett
	181 g Kohlenhydrate	36 g Ballaststoffe	2000 ml Flüssigkeit

MITTWOCH

Müslibrötchen mit Apfel-Möhren-Aufstrich

1	Müslibrötchen
1 EL	Mohrrübe
1 EL	Apfel
2 EL	Hüttenkäse „Leicht"
weißer Pfeffer, Kräutersalz	

Hüttenkäse mit Möhren- und Apfelraspel vermischen und abschmecken.

200 ml Kaffee mit Kondensmilch 4 % Fett, evtl mit Süßstoff
2 große Gläser Mineralwasser

Melonen Dickmilch

150 g	Dickmilch 1,5 % Fett
1	kleine Orange
100 g	Honigmelone
1 TL	geröstete Sonnenblumenkerne
30 g	Früchtemüsli ohne Zuckerzusatz
	Süßstoff nach Geschmack, Zimt, Rumaroma

Die Dickmilch mit Orangenfilets und Melonenstücken mischen und trocken in der Pfanne angeröstete Sonnenblumenkerne sowie Müsli darunter geben. Abschmecken.

2 große Gläser Mineralwasser
1 große Tasse frischer Pfefferminztee
evtl. mit Süßstoff nach Geschmack

Gemüselasagne mit Endiviensalat

2	Lasagneplatten
2 EL	Mohrrübe
2 EL	Sellerie
2 EL	Lauch
1/2	kleine Kartoffel
2 EL	Kohlrabi
1 EL	Champignons
1 EL	Zwiebel
1 TL	Olivenöl
1/2	Ei
50 ml	Milch 1,5 % Fett
1 EL	Tomatenwürfel
1 EL	ger. Edamer
Tomatensalz, weißer Pfeffer, Muskat, Oregano, Basilikum, Paprika edelsüß, Thymian	

Die Auflaufform ausfetten. Alles Gemüse in kleine Würfelchen schneiden und in Gemüsebrühe bissfest garen. Das Gemüse nun abwechselnd mit den Lasagneplatten in die Form schichten, als oberste Schicht eine Nudelplatte legen. Nun die Tomatenwürfel auf die oberste Nudelplatte geben.
Milch mit dem Ei verquirlen, kräftig abschmecken und über den Auflauf geben. Bei 180 Grad Celsius 40 bis 45

min backen. 10 min vor Ende den Käse über den Auflauf streuen.

30 g Endiviensalat:	
1 EL	Schalotten
1/4	kleine rote Paprika
1/4	kleine gelbe Paprika
1/4	kleine grüne Paprika
2	grüne Oliven gefüllt mit Knoblauch
1 TL	Olivenöl
Kresse, Kräutersalz, schwarzer Pfeffer, etwas Zitronensaft, Senf	

Endiviensalat putzen, waschen, trocken tupfen und in mundgerechte Stücke schneiden. Paprika und Schalotten würfeln, mit den restlichen Zutaten ein Dressing zubereiten und alle Zutaten vermengen.

1/2 l Mineralwasser

Abendessen:

Melonenschiffchen mit Lachsschinken und Pumpernickel mit Camembert

1/4	Honigmelone
2	hauchdünne Scheiben Lachsschinken

Honigmelone in Schiffchen schneiden und mit dem Lachsschinken belegen.

1	Scheibe Pumpernickel
30 g	Camembert „Leicht"
1 TL	Preiselbeeren
1	kleine Banane

Pumpernickel mit Camembert bestreichen, mit Preiselbeeren garnieren. Dazu essen Sie eine kleine Banane.

200 ml Tomatensaft mit schwarzem Pfeffer und Salz
2 große Gläser Mineralwasser

Analyse:	1430	kcal
	66 g	Eiweiß
	41 g	Fett
	191 g	Kohlenhydrate
	29 g	Ballaststoffe
	2300 ml	Flüssigkeit

DONNERSTAG

Südsee-Fruchtcocktail mit Kokosnussraspeln und belegtes Brötchen

Belegtes Brötchen:

1	Mehrkornbrötchen
1 TL	Halbfettmargarine
30 g	Putensalami
3	Scheiben Ei
1	Blatt Kopfsalat
1 TL	frische geh. Petersilie
50 g	Ananas
1	kleine Kiwi
50 g	Netzmelone
1 TL	Kokosnussraspeln

Zitronensaft und Süßstoff nach Geschmack

200 ml Kaffee mit Kondensmilch 4% Fett, evtl. mit Süßstoff
2 große Gläser Mineralwasser

Zwischenmahlzeit:

Tomaten-Gurken-Kaltschale

130 g	Dickmilch 1,5% Fett
80 g	Tomaten
80 g	Gurken

frischer Basilikum und Dill, Tomatensalz, schwarzer Pfeffer, Zitronensaft, Knoblauch

Alle Zutaten mit dem Pürierstab gründlich pürieren und kräftig abschmecken. Gut gekühlt servieren.

1/2 l Mineralwasser

Mittagessen:

Buchweizenbratling mit Sesamkartoffeln und Blumenkohlrohkost

Bratling:

80 g	Buchweizenschrot
1 EL	Zwiebeln
1 EL	Möhre
1 EL	Sellerie
1 EL	kernige Haferflocken
1	Ei
1 TL	geh. Petersilie
1 TL	Sonnenblumenöl

Salz, weißer Pfeffer

Buchweizenschrot kurz garen und abtropfen lassen. Mit dem Ei, Sellerie- und Möhrenraspeln, Haferflocken, Zwiebelwürfelchen, geh. Petersilie mischen und abschmecken. Bratling formen und in heißem Öl ausbacken.

Sesamkartoffeln:

2	mittelgroße Kartoffeln
1 TL	ger. Sesamsamen

Blumenkohlrohkost:

150 g	Blumenkohl
1 EL	Mandarinen
2 EL	Naturjoghurt 1,5 % Fett
1 TL	geh. Walnüsse

Süßstoff nach Geschmack, Salz, weißer Pfeffer, Weinbrandessig, Muskat

Den Blumenkohl raffeln und aus den restlichen Zutaten ein Dressing herstellen. Das Dressing über die Blumenkohlraffel geben und gut vermischen.

1/2 l Mineralwasser

Abendessen:

Pumpernickel mit herzhafter Linsenpaste

Linsenpaste:

80 g	Linsen (Dose)
1 EL	Zwiebel
1 TL	geh. Petersilie
1	Scheibe Pumpernickel
100 g	Süß-Saure Schlesische Gurkenhappen

Salz, schwarzer Pfeffer, Knoblauch, Paprika edelsüß

Die Linsen abtropfen und mit Zwiebelwürfeln, Petersilie und den Geschmackszutaten vermischen.

Alles zu einer Paste verrühren und auf das Brot schmieren. Dazu die Gewürzhappen essen.

2 große Gläser Mineralwasser
100 ml Multi-Vitaminsaft

Analyse:	1414	kcal
	58 g	Eiweiß
	36 g	Fett
	204 g	Kohlenhydrate
	34 g	Ballaststoffe
	2100 ml	Flüssigkeit

Tipps und Tricks:

Niemand kann von heute auf morgen sein Übergewicht verlieren. Seien Sie mit sich selbst geduldig. Jeder noch so kleine Erfolg ist ein großer Schritt für Sie in die richtige Richtung. Ein Ernährungstagebuch kann Ihnen helfen, eine Übersicht über das zu gewinnen, was Sie essen und trinken. Schreiben Sie bitte alles auf und nehmen Sie sich Ihr Tagebuch mindestens einmal wöchentlich vor und prüfen, was Sie zuviel und was Sie zuwenig gegessen oder getrunken haben.

FREITAG

Sattmacher Frühstück 2

1	Vollkornbrötchen
2 TL	Halbfettmargarine
1	Scheibe Putenbrust in Aspik
30 g	Cornichons
1	Blatt Kopfsalat
3	Cocktail-Tomaten
1 TL	Schnittlauchröllchen

200 ml Kaffee mit Kondensmilch 4 % Fett, evtl. mit Süßstoff
1 großes Glas Mineralwasser
200 ml Möhrensaft mit Zitronensaft nach Geschmack

Obstsalat

150 g	Wassermelone
1/2	kleiner Apfel
1/2	kleine Nektarine
Zitronensaft und Süßstoff nach Geschmack	

Die Wassermelone, den Apfel und die Nektarine in mundgerechte Stücke teilen und abschmecken.

Tipp: Dazu passt ein Vanillequark aus Magerquark, den Sie mit Mineralwasser aufschlagen, mit Süßstoff und Vanillearoma abschmecken.

2 große Tassen Grüner Tee, evtl. mit Süßstoff.

Nudelpfanne

150 g	Vollkornnudeln (50 g roh)
100 g	Zucchini
50 g	grüne Bohnen
2	Scheiben Auberginen
50 g	Möhre
1 TL	Olivenöl
2 TL	rote Zwiebeln
Gemüsebrühe	
Kräutersalz, weißer Pfeffer, Knoblauch, Kräuter der Provence	

Nudeln in reichlich Salzwasser bissfest garen, abschütten. Zucchini, Aubergine, Möhre stifteln, Zwiebel in Würfel schneiden. Gemüse in Olivenöl anbraten, etwas Gemüsebrühe dazugeben und garen. Zum Schluss die Nudeln unterheben. Würzen.

Tomatensoße:	
2 EL	Tomatenketchup
1 EL	Tomatenmark
50 ml	Gemüsebrühe
1 TL	Soßenbinder weiß
Oregano, Kräutersalz, weißer Pfeffer	

Brühe erhitzen, Ketchup und Tomatenmark dazugeben und kräftig abschmecken. Mit Soßenbinder andicken.

2 EL Parmesan

Trauben-Dickmilch:

150 g	Dickmilch 1,5 % Fett
50 g	blaue Trauben
Süßstoff und Zitronensaft nach Geschmack, Zimt	

Dickmilch und geviertelte Trauben vermischen und abschmecken.

1/2 l Mineralwasser

Mozzarella-Tomatensalat mit Vollkornbrot

1	Scheibe Knäckebrot
1	Scheibe Vollkornbrot
2 TL	Halbfettmargarine

Salat:

30 g	Eisbergsalat
2	kleine Tomaten
60 g	Mozzarella-Kugeln
1 EL	Frühlingszwiebeln
1 TL	Olivenöl
frischer Basilikum, Balsam Essig, Mozzarella-Tomatensalz, grober schwarzer Pfeffer, Senf	

Salat waschen, trocken tupfen und in mundgerechte Stücke zerpflücken. Tomate vierteln. Frühlingszwiebelringe unter Salat und Tomaten heben. Mozzarellakugeln zugeben, restliche Zutaten zu einem Dressing verarbeiten und über den Salat geben. Kräftig mischen.

2 große Gläser Mineralwasser
200 ml Orangensaft

Analyse:	1411	kcal
	59 g	Eiweiß
	502 g	Fett
	168 g	Kohlenhydrate
	26 g	Ballaststoffe
	2100 ml	Flüssigkeit

SAMSTAG

Mehrkornbrötchen mit Schinkenomelette

1	Mehrkornbrötchen
100g	Mixed Pickles
1	Ei
1	dünne Scheibe roher Schinken
1 TL	Zwiebeln
1 TL	Champignons
1 EL	Milch 1,5 % Fett
1 TL	Schnittlauchröllchen
Kräutersalz, weißer Pfeffer, Muskat	

Das Ei mit den restlichen Zutaten vermischen und kurz mit einem Schneebesen schlagen. In der Teflonpfanne backen.

200 ml Kaffee mit Kondensmilch 4 % Fett, evtl. mit Süßstoff
2 große Gläser Mineralwasser

Knäckebrot mit Hüttenkäse und Pfirsich

2	Scheiben Knäckebrot
30 g	Hüttenkäse
1 TL	Kresse
1	kleiner Pfirsich
1 TL	Bambussprossen

Trauben-Möhrensaft:

100 ml	Möhrensaft
50 ml	Traubensaft
Zitronensaft nach Geschmack	

Traubensaft, Möhrensaft und Zitronensaft miteinander vermischen. Eisgekühlt servieren.

2 große Gläser Mineralwasser

Germknödel mit Vanillesoße und Pflaumenkompott

Germknödel:

95 g	Mehl
7 g	Hefe
50 ml	Milch 1,5 % Fett
1/2	Ei

Mehl, Hefe, Milch und Ei vermengen und an einem warmen Ort gehen lassen. Knödel formen, nochmals gehen lassen und mit siedendem Wasser gar ziehen.

Vanillesoße:

100 ml	Milch 1,5 % Fett
1 TL	Vanillepuddingpulver
Süßstoff n. Geschmack, Vanillearoma	

Milch zum Kochen bringen und mit dem in etwas Wasser angerührten Pud-

dingpulver aufkochen, abschmecken
und kühl stellen.

Mohnmasse:	
1 EL	Mohn
40 ml	Orangensaft
1 TL	heller Soßenbinder

Orangensaft aufkochen, Mohn dazuge-
ben und mit Soßenbinder abbinden.
Mit der Mohnmasse den Knödel mit
Vanillesauce toppen.

Pflaumenkompott:	
100 g	Pflaumen
Zitronensaft und Süßstoff nach Geschmack, Rumaroma	

Pflaumen in Wasser mit den Gewürzen
kochen und zu Knödel warm servieren.

1/2 l Mineralwasser

Pumpernickel mit Hirseaufstrich

Hirseaufstrich:	
30 g	Hirse
20 g	Möhre
20 g	Lauch
20 g	Paprika
1 TL	Zwiebel

1 TL	Tomatenmark
1 EL	Haferflocken
1 TL	gekörnte Gemüsebrühe
schwarzer Pfeffer, Salz, Knoblauch, Kerbel	

Die Hirse in Gemüsebrühe 20 min
garen. Die Gemüse fein raspeln und mit
der abgetropften Hirse und den einge-
weichten Haferflocken vermischen und
mit den restlichen Zutaten kräftig
abschmecken. Kühl stellen.

2	Scheiben Pumpernickel
100 g	Salatgurke

Brote mit Hirseaufstrich bestreichen,
mit der Gurke garnieren.

2 große Gläser Mineralwasser
200 ml „Guten Abend Tee"

Analyse:	1409	kcal
	60 g	Eiweiß
	23 g	Fett
	232 g	Kohlenhydrate
	32 g	Ballaststoffe
	2250 ml	Flüssigkeit

SONNTAG

Schwarzbrot mit Edelschimmelkäse und Dörrobst

2	Scheiben Schwarzbrot
30 g	Edelschimmelkäse „Leicht"
1 TL	Frischkäse Rahmstufe
50 g	Rettich

Dörrobst:

100 g	Magerquark
50 g	Trockenobst
1 TL	Weizenkleie
Zitronensaft und Süßstoff nach Geschmack	

Das Dörrobst über Nacht in Wasser einweichen. Wasser mit dem Quark verrühren, abschmecken und über das Obst geben.

200 ml Kaffee mit Kondensmilch 4 % Fett, evtl. Süßstoff
2 große Gläser Mineralwasser

Grießschnitte mit Fruchtgrütze

Grießschnitte:

130 ml	Milch 1,5 % Fett
20 g	Weizengrieß
1/4	Mark einer Vanilleschote
Süßstoff nach Geschmack	

Fruchtgrütze:

50 g	Kirschen
50 g	Stachelbeeren
50 ml	Sauerkirschsaft
1 TL	Mondamin
Süßstoff nach Geschmack	

Grießbrei mit eingeschnittener Vanilleschote kochen, abschmecken und in Förmchen füllen. Abkühlen und stürzen.

Sauerkirschsaft zum Kochen bringen, Obst hinzufügen, abschmecken und mit angerührtem Mondamin abbinden.

Grießschnitte mit Fruchtgrütze übergießen. Kaltstellen.

2 große Gläser Mineralwasser mit Zitronensaft nach Geschmack

Chinesische Reispfanne mit süßer Soße

Reispfanne:	
130 g	Naturreis (40 g roh)
80 g	Linsen (a. D.)
1/2	kleine Banane
1 EL	Schalotten
1 EL	Lauch
1 EL	Sellerie
1 EL	Bambussprossen
1 TL	Nussöl
Salz, weißer Pfeffer, Curry, Ingwer, Sojasoße	

Naturreis in Wasser bissfest garen. Linsen dazugeben, Banane, Schalotten und Lauch in Scheiben, Sellerie und Bambus in Würfel schneiden und alles gut vermischen. Die restlichen Zutaten dazugeben.

Süße Soße:	
50 ml	Milch 1,5 % Fett
1 TL	Soßenbinder hell
2 EL	Ananassaft
1	Ring Ananas
Süßstoff nach Geschmack, Curry, Sojasoße, Salz, süßer Senf	

Milch erhitzen, Ananassaft dazugeben, abschmecken, Ananaswürfel dazugeben und mit Soßenbinder andicken.

2 große Gläser Mineralwasser
1 großes Glas Coca Cola light

Gemüsepizza mit Feldsalat

Pizza:	
60 g	Mehl
3 g	Hefe
1 TL	Olivenöl
30 g	Paprikaschote
20 g	Broccoli
50 g	Tomatenwürfel (Dose)
1 EL	Champignons
1 EL	Zwiebeln
30 g	Mozzarella
2	schwarze Oliven
schwarzer Pfeffer, Tomatensalz, Oregano, Estragon, Knoblauch	

Hefeteig herstellen und auf ein gefettetes Backblech geben. Mit den Zutaten belegen und im auf 180 Grad Celsius vorgeheizten Backofen 30 bis 40 min backen.

Feldsalat:	
50 g	Feldsalat
1 EL	Orangenfilets
1 TL	Zwiebelwürfel
1 TL	geh. Walnüsse
1 EL	Naturjoghurt 1,5 % Fett
1 TL	Walnussöl
Jodsalz, weißer Pfeffer, Süßstoff	

Den Salat waschen, trocken tupfen, in mundgerechte Stücke rupfen. Die restlichen Zutaten zu einem Dressing vermischen und über den Feldsalat geben.

2 große Gläser Mineralwasser

Tipps und Tricks:

Gemüse und Obst enthalten reichlich kalorienfreies Wasser und sättigende Ballaststoffe. Nutzen Sie die Möglichkeiten, die Ihnen der Gemüse- und Obstgarten zu allen Jahreszeiten anbietet. Wichtig ist es, dass Sie sowohl rohes, als auch gekochtes Gemüse verzehren. Dadurch verbessern Sie Ihre Versorgung mit lebenswichtigen Vitalstoffen. Verzichten Sie aber auf Obst aus dem Glas oder Dose. Diese Produkte sind oft reichlich gezuckert. Gemüse aus der Dose hat hingegen keine Nachteile und ist ein wertvoller Bestandteil Ihres Ernährungsplanes.

Analyse:

1600	kcal	
64 g	Eiweiß	
46 g	Fett	
223 g	Kohlenhydrate	
30 g	Ballaststoffe	
2000 ml	Flüssigkeit	

Einmal am Tag sollte Rohkost auf dem Speiseplan stehen: zum Beispiel Feldsalat oder Tomaten oder Obstsalat.

2. Woche

MONTAG

Schinkenbrötchen

1	Kürbiskernbrötchen
1 TL	Halbfettmargarine
3	dünne Scheiben roher Schinken
2	Gewürzgurken
150 ml	Tomatensaft mit Salz und schwarzem Pfeffer

200 ml Kaffee mit Kondensmilch
4 % Fett evtl. mit Süßstoff
2 große Gläser Mineralwasser

Exotischer Obstspieß

50 g	Kiwi
50 g	Banane
50 g	Ananas
50 g	Erdbeere
1 EL	Kokosflocken
1 EL	braune Kuvertüre
Zitronensaft	

Kiwi-, Bananen, Ananasscheiben und Erdbeeren auf einen Holzspieß geben. Mit aufgelöster Kuvertüre übergießen und mit Kokosflocken bestreuen. Kaltstellen.

2 große Gläser Mineralwasser

Gefüllte Champignons mit Kartoffelgratin und einer Bleichsellerierohkost

Gefüllte Champignons:

4	große Champignons
1 EL	Zucchini
1 EL	Zwiebel
2 EL	Tomatenwürfel
1	Scheibe gek. Schinken
1	Scheibe Edamer 30 % Fett
1 TL	frische geh. Petersilie
Jodsalz, weißer Pfeffer, Paprika edelsüß, Senf	

Champignons aushöhlen und in eine Auflaufform setzen. Das Gemüse, den Käse und den Schinken in kleine Würfelchen schneiden, vermischen und abschmecken. Die Champignonköpfe damit füllen. Bei 140 Grad Celsius im Backofen backen, bis sie eine braune Farbe erhalten haben.

Kartoffelgratin:

150 g	Kartoffeln
100 ml	Milch 1,5 % Fett
1/2 TL	gek. Gemüsebrühe
1 TL	geh. Petersilie
1/2 TL	Sonnenblumenöl
weißer Pfeffer, Majoran, Jodsalz, Muskat	

Kartoffeln schälen und in dünne Scheiben schneiden. In eine gefettete Auflaufform schichten und mit der gewürzten Milch übergießen. Bei 180 Grad Celsius braun backen.

Rohkost:	
80 g	Bleichsellerie
80 g	Weißkohl
1 EL	Apfel
1 TL	Zwiebel
1 TL	geh. Walnüsse
1 TL	geh. Petersilie
1 EL	Naturjoghurt 1,5 % Fett
1 TL	Walnussöl
Salz, weißer Pfeffer	

Gemüse und Obst in dünne Scheiben schneiden. Aus den restlichen Zutaten ein Dressing herstellen und alles vermengen.

200 ml Multi-Vitaminsaft
1/2 l Mineralwasser

Abendessen:

Sonnenblumenbrot mit Schafskäsecrème und Chicoréesalat

Schafskäsecrème:	
30 g	Schafskäse oder Feta
50 g	bunte Paprika
20 g	Magerquark
1 TL	Schalotten

1 TL	Schnittlauchröllchen
Kräutersalz, weißer Pfeffer,	
Knoblauch, Paprika edelsüß	

Paprika in kleine Würfelchen schneiden und garen. Abtropfen lassen. Zwiebel in feine Würfelchen schneiden. Feta, Paprika, Quark und die restlichen Zutaten mit einer Gabel vermengen.

Chicoréesalat:	
50 g	Chicorée
1 EL	Orangen
3	blaue Trauben
1 EL	Naturjoghurt 1,5 % Fett
1 EL	Kondensmilch 4 % Fett
1 EL	Orangensaft
Jodsalz, weißer Pfeffer, Süßstoff und Zitronensaft nach Geschmack	

Chicorée waschen, trocken tupfen und schneiden. Obst in Stücke schneiden und mit dem Chicorée vermischen. Aus den restlichen Zutaten ein Dressing herstellen.

2 große Gläser Mineralwasser
1 große Tasse Kräutertee

Analyse:	1307	kcal
	66 g	Eiweiß
	39 g	Fett
	163 g	Kohlenhydrate
	36 g	Ballaststoffe
	2300 ml	Flüssigkeit

DIENSTAG

Müslibrötchen mit Lindenberger

1	Müslibrötchen
1 TL	Halbfettmargarine
1	Scheibe Lindenberger „Leicht"
1 TL	Schnittlauchröllchen
Meerrettich oder Senf	
100 g	Salatgurke

200 ml Kaffee mit Kondensmilch 4 % Fett evtl. mit Süßstoff

200 ml Möhrensaft

Ballaststoff-Müsli

1 Becher Naturjoghurt 1,5 % Fett	
30 g	Früchtemüsli ohne Zucker
50 g	Brombeeren
50 g	Johannisbeeren
50 g	Heidelbeeren
1 TL	Leinsamen
Süßstoff und Zitronensaft nach Geschmack, Vanillearoma	

Alle Zutaten miteinander vermischen und abschmecken.

2 große Gläser Mineralwasser
1 große Tasse Früchtetee

Gefüllte Weißkrautroulade mit Kartoffeln

150 g	Kartoffeln
150 g	Weißkraut
20 g	Grünkern
20 g	Naturreis gegart
1 EL	Zwiebeln
20 g	Möhre
20 g	Sellerie
20 g	Lauch
1 TL	geh. Petersilie
1 EL	Magerquark
1 TL	Sojaöl
Jodsalz, weißer Pfeffer, Paprika, Kerbel, Knoblauch	

Weißkraut dünsten, Reis und Grünkern garen. Gemüse in feine Streifen schneiden, mit Grünkern, Reis und den übrigen Zutaten mischen, würzen und in das Weißkraut einrollen. Roulade in Fleischbrühe dünsten.

Soße:	
50 ml	Milch 1,5 % Fett
1 TL	Soßenbinder weiß
Jodsalz, weißer Pfeffer, geh. Petersilie	

Milch erhitzen, würzen und mit Soßenbinder abbinden.

1/2 l Mineralwasser

Florida-Salat

1	Scheibe Vollkornbrot
30 g	Kopfsalat
50 g	Ananas
50 g	Orange
80 g	Putenschnitzel
50 g	Gurke
1	kleine Tomate
1 EL	Frühlingszwiebeln
1 EL	Schnittlauchröllchen
1 TL	Kürbiskernöl

Knoblauchsalz, Cayennepfeffer,
Weinbrandessig, mittelscharfer
Senf, Süßstoff nach Geschmack
Orangensaft

Analyse:

1307	kcal
66 g	Eiweiß
39 g	Fett
163 g	Kohlenhydrate
36 g	Ballaststoffe
2300 ml	Flüssigkeit

Kopfsalat waschen, abtropfen lassen. Putenschnitzel würzen und anbraten, erkalten lassen und in Streifen schneiden. Tomaten vierteln, Gurken, Obst und Frühlingszwiebeln in dünne Scheiben schneiden. Alle bisherigen Zutaten auf einem Teller anrichten. Aus den restlichen Zutaten ein Dressing herstellen.

Knoblauchmargarine:

2 TL	Halbfettmargarine

frischer Knoblauch nach Geschmack, geh. Petersilie

Alle Zutaten vermischen.
1/2 l Mineralwasser

MITTWOCH

Bananen-Apfel-Joghurt

100 g	Naturjoghurt 1,5 % Fett
60 g	Banane
1/2	kleiner Apfel
2 EL	Weizenkörner
1 TL	geh. Haselnüsse
1 TL	Kürbiskerne
1 TL	Leinsamen
Süßstoff und Zitronensaft nach Geschmack, Zimt, Rumaroma	

Obst in Spalten schneiden und mit den restlichen Zutaten vermengen, abschmecken.

200 ml Kaffee mit Kondensmilch 4 % Fett, evtl. mit Süßstoff

150 ml Birnensaft
2 große Gläser Mineralwasser

Knäckebrot mit Quark-Beerengrütze

2	Scheiben Knäckebrot
40 g	Magerquark
1 EL	Brombeeren
1 EL	rote Johannisbeeren
1 TL	Mondamin
1 TL	Weizenkleie

Knäckebrot mit Quark bestreichen. Beeren in etwas Wasser erhitzen und mit etwas in Wasser angerührtem Mondamin andicken. Abkühlen lassen und auf den Quark geben. Weizenkleie darüber streuen.

1/2 l Mineralwasser

Fischragout "Helgoland mit Reis"

Fischragout:	
150 g	Kabeljaufilet
2 EL	Erbsen
1/2	kleine Möhre
1/2	kleine Stange Lauch
2 EL	Mais
1 TL	Halbfettmargarine
1 EL	Zwiebelwürfel
1 TL	geh. Dill
1 EL	Kondensmilch 4 % Fett
1 TL	Soßenbinder hell
1/2	Tasse Gemüsebrühe
abger. Limettenschale, Kräutersalz, weißer Pfeffer, Zitronensaft	

Kabeljaufilet in mundgerechte Stücke teilen und mit den restlichen Zutaten in Zitronenwasser gar dünsten, abschmecken, mit Kondensmilch aufgießen und mit Soßenbinder andicken.

150 g	Naturreis (50 g roh)
2 EL	Erbsen
	Jodsalz

Reis in Salzwasser kochen, abgießen und mit Erbsen vermischen.

1/2 l Mineralwasser
200 ml kalorienarmes Light-Getränk

Salatteller und Rhabarber mit Vanille-Zimtaroma

100 g	Kartoffeln
1 EL	weiße Bohnen
1 EL	Mais
1 EL	Erbsen
1/4	kleine rote Paprikaschote
1	kleine Tomate
1 Blatt	Radicchio
1 TL	Olivenöl
1 TL	Schnittlauchröllchen
1 TL	rote Zwiebelwürfelchen
1	Scheibe Vollkornbrot
1 TL	Halbfettmargarine

Jodsalz, weißer Pfeffer, Sherryessig, Süßstoff nach Geschmack

Kartoffeln als Pellkartoffeln garen, schälen und würfeln. Mit den restlichen Zutaten vermischen und gut abschmecken.

150 g	Rhabarber
	Süßstoff, Zimt, Vanillearoma

Den Rhabarber mit der Zimtstange in Wasser dünsten, süßen und abgießen. Mit Vanillearoma parfümieren.

200 ml Schwarztee mit Erdbeeraroma mit Kondensmilch (4 % Fett) und evtl. Süßstoff

1/2 l Mineralwasser

Analyse:	1396	kcal
	70 g	Eiweiß
	32 g	Fett
	200 g	Kohlenhydrate
	46 g	Ballaststoffe
	2500 ml	Flüssigkeit

DONNERSTAG

Bananen-Schokomüsli

3 EL	Schoko-Müsli
50 g	Banane
60 ml	Milch 1,5% Fett
2 EL	Naturjoghurt 1,5% Fett
2 getr.	Aprikosen
2 getr.	Pflaumen
1 TL	Sonnenblumenkerne
1 TL	Kakaopulver
Süßstoff nach Geschmack Vanillearoma	

Bananenscheiben, Müsli, Joghurt, eingeweichte Aprikosen und Pflaumen gut durchmischen und mit trocken angerösteten Sonnenblumenkernen bestreuen. Abschmecken.

200 ml Kaffee mit Kondensmilch 4% Fett, evtl. mit Süßstoff
200 ml Möhrensaft

Pumpernickel mit Sauerkraut

1	Scheibe Pumpernickel
1 EL	vegetarischer Brotaufstrich
100 g	Sauerkraut
Salz, Pfeffer, Essig, Öl	

Das Sauerkraut nach Geschmack würzen. Das Pumpernickel mit dem Brotaufstrich bestreichen.

1/2 l Minerlawasser

Gerstenplätzchen mit Kartoffeln und Blattsalat

Gerstenplätzchen:

2	mittelgroße Kartoffeln
60 g	Gerstenschrot
130 ml	Mineralwasser
1 EL	gem. Haselnüsse
1 TL	Zwiebelwürfel
1 EL	Milch 1,5% Fett
1 TL	Sojaöl
2 EL	ger. Edamer 30 % Fett
Jodsalz, weißer Pfeffer, Paprika	

Gerstenschrot einweichen, quellen lassen und abgießen. Mit den restlichen Zutaten vermischen, abschmecken und kleine Plätzchen formen. In heißem Sojaöl ausbacken.

Blattsalat:

50 g	Eichblattsalat
25 g	Paprika
1 TL	Zwiebeln
1 EL	Hüttenkäse
1 EL	Mais

schwarzer Pfeffer, Kräutersalz, Süßstoff nach Geschmack, Senf, frische Schnittlauchröllchen

Eichblattsalat waschen und zerteilen. Paprika und Zwiebeln in kleine Würfel schneiden. Aus den restlichen Zutaten ein Dressing herstellen und alles vermischen.

1/2 l Mineralwasser
1 großes Glas kalorienarmes Light-Getränk

Gurke raspeln, Zwiebel in feine Stücke schneiden und mit dem Quark verrühren. Kräftig abschmecken. Tomate in Scheiben schneiden und damit eine Scheibe Brot belegen.

1 Apfel
2 große Gläser Mineralwasser
200 ml Grüner Tee

Analyse:	1267	kcal
	55 g	Eiweiß
	28 g	Fett
	191 g	Kohlenhydrate
	38 g	Ballaststoffe
	2200 ml	Flüssigkeit

Abendessen:

Tzaziki auf Vollkornbrot

1	Scheibe Vollkornbrot

Tzaziki:

60 g	Magerquark
60 g	Gurke
1	kleine Tomate
1 EL	Zwiebeln
1 TL	Schnittlauchröllchen

Knoblauchsalz, schwarzer Pfeffer, Knoblauch

Tipps und Tricks: Nutzen Sie die Chance und stellen Sie Ihre gesamte Familie auf eine gesündere Ernährungsweise um. Haben Sie keine Angst, das wird keinem schaden. Im Gegenteil: Es schmeckt allen und tut richtig gut. Tun Sie sich nicht den Stress an und kochen doppelt für Ihre Familie. Extra Kochen führt Sie andernfalls zu Verlockungen, nochmals zuzugreifen und Ihre Ziele nicht zu erreichen. Besprechen Sie die Umstellung der Ernährungsgewohnheiten mit Ihrer Familie und involvieren Sie alle in Ihren Plan. So ziehen Sie alle an einem Strang und vergessen Sie nicht, es geht um Ihre Gesundheit und Ihre Figur.

FREITAG

Kürbiskernbrötchen mit Gurkenquark und Melonenshake

1	Kürbiskernbrötchen
1 TL	Halbfettmargarine
1 Blatt	Lollo Rosso
2 EL	Magerquark
30 g	Gurke
1 TL	geh. Dill

Melonenshake:

100 ml	Buttermilch
100 g	Wassermelone
1 TL	ger. Sesamkörner
Süßstoff und Zitronensaft nach Geschmack	

Buttermilch und Melone in einem Mixer pürieren, Sesamsamen in einer Pfanne anrösten und auf den Shake geben. Abschmecken.

200 ml Kaffee mit Kondensmilch 4% Fett, evtl. mit Süßstoff

2 große Gläser Mineralwasser

Beerenmischung mit Joghurthäubchen

50 g	Brombeeren
50 g	Heidelbeeren
50 g	rote Johannisbeeren
2 EL	Naturjoghurt 1,5% Fett
Süßstoff und Zitronensaft nach Geschmack	

Beeren in ein Schälchen geben und mit abgeschmecktem Joghurt garnieren.

200 ml Schwarztee evtl. mit Kondensmilch

2 große Gläser Mineralwasser

Gefüllte Fischroulade in Senf-Dillsoße und Petersilienreis

Fischroulade:

150 g	Kabeljaufilet
1 EL	Sellerie
1 EL	Möhren
1 EL	Lauch
1 EL	Zwiebeln
1 TL	geh. Dill
Zitronensaft, Kräutersalz, weißer Pfeffer	

Kabeljaufilet mit Zitronensaft säuern und salzen, Sellerie, Möhren, Lauch in Streifen und Zwiebeln in feine Scheiben schneiden. Die Gemüse auf das Filet legen und aufrollen. In einer Auflaufform mit Gemüsebrühe im vorgeheizten Backofen bei 180 Grad Celsius 35 bis 40 min garen. Mit Dill garnieren.

Fischsoße:	
50 ml	Fischfond
1 EL	Milch 1,5% Fett
1 TL	Soßenbinder weiß
Senf, Kräutersalz, weißer Pfeffer, geh. Dill, Zitronensaft	

Vom Fischfond aus der Auflaufform 50 ml im Topf aufkochen, Milch und Gewürze dazugeben, gut abschmecken und mit Soßenbinder andicken.

Variante: Anstatt Kabeljau können Sie auch Zander oder Seelachs verwenden. Naturreis in Gemüsebrühe bissfest garen.

Petersilienreis	
150 g	Naturreis (50 g roh)
1 TL	geh. Petersilie
etwas gekörnte Gemüsebrühe	

1/2 l Mineralwasser

„Griechischer Bauernsalat"

1	Scheibe Sonnenblumenbrot
1	Scheibe Graubrot
50 g	Eichblattsalat
50 g	Weißkohl
30 g	Schafskäse oder Feta
1	kleine Tomate
1	kleines Stück Gurke
1/4	kleine rote Paprika
1/4	kleine gelbe Paprika
1/4	kleine grüne Paprika
1 EL	Schalotten
4	schwarze Oliven
1 EL	Schnittlauchröllchen
1 TL	Olivenöl
Kräutersalz, schwarzer Pfeffer, mittelscharfer Senf, Süßstoff nach Geschmack, Weinbrandessig	

Salat waschen, trocken tupfen, Weißkohl schneiden, Schafskäse würfeln, Gurke in Scheiben schneiden, Paprika würfeln, Schalotten fein würfeln, Oliven fein schneiden. Alle Zutaten mit dem Öl und den Gewürzen vermischen.

Analyse:	1278	kcal
	72 g	Eiweiß
	35 g	Fett
	158 g	Kohlenhydrate
	42 g	Ballaststoffe
	2200 ml	Flüssigkeit

SAMSTAG

Hüttenknäcke mit Cocktail-tomaten und Blutorangen-Kiwi-Salat

2	Scheiben Knäckebrot
2 EL	Hüttenkäse „Leicht"
1 TL	Honig
5	Cocktailtomaten
1 Blatt	Radicchio
frische Basilikumblätter	

Joghurt mit den restlichen Zutaten vermischen und abschmecken.

200 ml Kaffee mit Kondensmilch 4 % Fett, evtl. mit Süßstoff
2 große Gläser Mineralwasser

Blutorangen-Kiwi-Salat	
1	kleine Blutorange
1	Kiwi
Zitronensaft, Süßstoff	

Blutorange filieren, Kiwi schälen und in Scheiben schneiden. Mit Süßstoff süßen und mit Zitronensaft parfümieren.

Erdbeermix

100 ml	Milch 1,5 % Fett
50 g	Erdbeeren
1 EL	Weizenkleie
Süßstoff	

Milch mit Weizenkleie und Erdbeeren mit dem Pürierstab pürieren. Mit Süßstoff süßen.

2 große Gläser Mineralwasser

Bunte Gemüsereispfanne mit Tomatensoße und Kohlrabi-rohkost

Reispfanne:	
150 g	Naturreis (50 g roh)
2 EL	Champignons
2 EL	Erbsen
1 EL	Zwiebeln
50 g	Broccoli
1/4	kleine rote Paprika
1/4	kleine gelbe Paprika
2 EL	gelbe Zucchini
1 TL	Olivenöl
Knoblauchsalz, Cayennepfeffer, Muskat, Estragon	

Naturreis in Wasser bissfest garen. Champignonscheiben, Erbsen, Zwiebel-würfel, Broccoliröschen, Paprikastreifen und Zucchinischeiben in heißem Olivenöl anbraten und gar dünsten. Kräftig abschmecken.

Gemüsebrühe mit Tomatenmark und Gewürzen aufkochen, mit Sahne legieren.

Tomatensoße:	
1 EL	Tomatenmark
1 EL	Saure Sahne 20 % Fett
50 ml	Gemüsebrühe
Kräutersalz, schwarzer Pfeffer, Knoblauch, Kräuter der Provence	

Kohlrabi raffeln und mit Zwiebelscheiben sowie den restlichen Zutaten vermengen. Kräftig abschmecken.

Kohlrabirohkost:	
150 g	Kohlrabi
1 EL	Zwiebeln
1 TL	Sonnenblumenöl
1 TL	Schnittlauchröllchen
Jodsalz, weißer Pfeffer, mittelscharfer Senf, Weinbrandessig	

200 ml Multi-Vitaminsaft
2 große Gläser Mineralwasser

Feldsalat mit Schinken und Sellerierohkost

2	Scheiben Mehrkornbrot
1 TL	Halbfettmargarine
4	Feldsalatsträußchen
1	Scheibe Käse
2	dünne Scheiben Schwarzwälder Schinken

Sellerierohkost:	
100 g	Sellerie
50 g	Möhre
1 EL	Apfel
1 EL	Naturjoghurt 1,5 % Fett
1 TL	Nussöl
1 TL	geh. Walnüsse
Zitronensaft, Kräutersalz, weißer Pfeffer, Weinbrandessig, Senf, evtl. Süßstoff	

Sellerie, Apfel und Möhre reiben und vermischen. Joghurt mit Öl und gehackten Walnüssen sowie Gewürzen vermischen. Dressing darüber geben.

2 große Gläser Mineralwasser
1 große Tasse Früchtetee

Analyse:	1202 kcal	58 g Eiweiß	29 g Fett
	167 g Kohlenhydrate	40 g Ballaststoffe	2300 ml Flüssigkeit

SONNTAG

Obstflakes

3 EL	Cornflakes
3	Pflaumen
3	Mirabellen
1/2	kleine Nektarine
1 EL	Weizenkleie
80 g	Naturjoghurt 1,5% Fett
Süßstoff und Zitronensaft nach Geschmack, Zimt	

Obst in mundgerechte Stücke teilen, mit Cornflakes mischen. Die anderen Zutaten zu einer Soße verarbeiten und darüber geben.

200 ml Kaffee mit Kondensmilch 4 % Fett, evtl. mit Süßstoff
2 große Gläser Mineralwasser

Zwischenmahlzeit:

Schnittlauchbrot

2	Scheiben Pumpernickel
1 TL	Halbfettmargarine
1	kleines Stück Gurke
1 TL	Schalotten
1 EL	Schnittlauchröllchen
Jodsalz, schwarzer Pfeffer	

1/2 l Mineralwasser

Mittagessen:

Polentaschnitte mit mexikanischer Gemüsesoße, Maiskolben

Polentaschnitte:

30 g	Polenta
1/2	Ei
1 TL	geh. Petersilie
1 TL	Sojaöl
Jodsalz, weißer Pfeffer, Muskat	

Polenta in einer Tasse Wasser garen, das Ei unterheben und würzen. Schnitte formen, erkalten lassen und in heißem Öl ausbacken.

Gemüsesoße:

1	kleine Tomate
1 EL	Schalotten
1 EL	Mais
1 EL	Erbsen
1 EL	Kidney-Bohnen
1/4	kleine rote Paprika
1/4	kleine grüne Paprika
1 EL	Shrimps/ Krabben
1 EL	Saure Sahne 20 % Fett
1 TL	Tomatenmark
1 TL	Soßenbinder hell
Knoblauchsalz, schwarzer Pfeffer, Paprika edelsüß, Chili, Tabasco	

Paprika, Schalotten und Tomaten würfeln und mit den anderen Gemüse in wenig Wasser mit Tomatenmark dünsten, abschmecken, mit Sahne legieren, andicken und Krabben dazugeben.

1 Maiskolben	
Wasser	
Jodsalz	

Den Maiskolben in Salzwasser garen.

1/2 l Mineralwasser
Saft einer halben Zitrone, evtl. Süßstoff

Vollkornbrot mit Spargel-Schinkenröllchen und Spargelsalat

1 TL	Halbfettmargarine
1 TL	Salatmayonnaise „Leicht"
1	Scheibe gek. Schinken
150 g	Stangenspargel frisch oder Dose
1	Blatt Kopfsalat
1/4	Zwiebel
1 TL	Sonnenblumenöl
1 TL	geh. Petersilie
Jodsalz, weißer Pfeffer, Essig, Süßstoff nach Geschmack	

Eine Stange Spargel in den Schinken einrollen. Den restlichen Spargel in mundgerechte Stücke teilen. Öl mit den restlichen Zutaten vermengen und über den Spargel geben. In eine Salatschüssel ein Salatblatt geben und den Spargelsalat darauf anrichten, mit Petersilie garnieren.

1/2 l Mineralwasser

Analyse:	1207	kcal
	51 g	Eiweiß
	31 g	Fett
	175 g	Kohlenhydrate
	39 g	Ballaststoffe
	2100 ml	Flüssigkeit

3. Woche

MONTAG

Vollkornbrötchen mit Himbeerkonfitüre

1	Vollkornbrötchen
5 g	Diäthalbfettmargarine
20 g	Himbeerkonfitüre

1 Becher Joghurt mit Früchten (fettarm) 150 g

1 Apfel mit Schale

200 ml Kaffee mit Kondensmilch 4 % Fett, evtl. mit Süßstoff

Zwischendurch 1 Flasche kalziumreiches Mineralwasser.

Pellkartoffeln mit Paprikagemüse

200 g	3-4 Pellkartoffeln
200 g	Gemüsepaprika (rot und gelb)
1 EL	Tomatenmark
1-2	Knoblauchzehen
1	mittelgroße Zwiebel
1 TL	Rapsöl
Basilikum, Thymian, Lavendel, Schnittlauchröllchen, fluoridiertes Jodsalz, weißer Pfeffer	

Kartoffeln als Pellkartoffeln garen, abkühlen, schälen. Fett in einer beschichteten Pfanne erhitzen, Zwiebelwürfel und Knoblauchscheiben darin glasig dünsten, Pellkartoffelscheiben, Paprikawürfel darin kräftig anbraten, Tomatenmark dazugeben, mit frischen Kräutern, fluoridiertem Jodsalz, frisch gemahlenem Pfeffer würzen und servieren.

1 großes Glas Tomatensaft

Zwischendurch 1 Kanne Früchtetee mit Süßstoff und etwas Zitronen- oder Limettensaft.

Tomatensalat mit Feta

3	mittelgroße Tomaten
1	mittelgroße Zwiebel
30 g	Feta
1 TL	Diät-3-Pflanzenöl
2	Scheiben Vollkornbrot

Die Tomaten in mundgerechte Stücke schneiden, die Zwiebel fein würfeln, aus Balsamessig, Öl, frischem Basilikum im Mixer eine feine Soße herstellen und über die Tomaten geben. Zum Schluss den Feta kleingeschnitten darunter geben. Den Salat zu dem Vollkornbrot essen.

Tipp: Getoastetes Vollkornbrot schmeckt besser, riecht hervorragend und ist besser verträglich als ungetoastetes Vollkornbrot. Anstatt Feta können Sie auch Harzer Käse verwenden. Das spart viel Fett ein.

Im Laufe des Abends eine Flasche magnesiumreiches Mineralwasser.

1 Glas Apfelsaft

Analyse:	1220	kcal
	36,6 g	Eiweiß
	25,6 g	Fett
	201,9 g	Kohlenhydrate
	33,3 g	Ballaststoffe
	22,8 mg	Cholesterin

DIENSTAG

Frühstück:

Süße Brötchen

2	Vollkornbrötchen
2 TL	Diäthalbfettmargarine
1 TL	Blütenhonig-Mischungen
1 TL	Erdbeerkonfitüre

200 ml Kaffee mit Kondensmilch 4 % Fett, evtl. mit Süßstoff

Eine Flasche natriumreiches Mineralwasser.

Mittagessen:

Linsensuppe und Erdbeerquark

250 g	Linsen in Gemüsebrühe gegart, abgetropft
2	Scheiben roher geräucherter Schinken
1	mittelgroße Zwiebel
2 EL	Tomatenmark
2	mittelgroße Mohrrüben
1 TL	Diät-3-Pflanzenöl
100 g	Quark (Magerstufe)
100 g	Erdbeeren

Süßstoff, Vanilleschote, Kerbel, Koriander, Kümmel, fluoridiertes Jodsalz, schwarzer Pfeffer

Die Linsen in Gemüsebrühe bissfest garen. Öl in einer beschichteten Pfanne erhitzen, Zwiebelwürfel, Tomatenmark und Schinkenwürfel kurz anbraten, dünne Mohrrübenscheiben dazugeben, nochmals braten, danach die Linsen dazugeben und abschmecken.

Den Quark, Süßstoff nach Geschmack und Vanillemark mit den Erdbeeren vermengen und mit dem Pürierstab cremig schlagen. Kaltstellen und mit einer Erdbeere dekoriert servieren.

Variante: Anstatt Linsen können Sie auch andere Hülsenfrüchte (beispielsweise Kidney-Bohnen, weiße Bohnen oder Erbsen) verwenden.

Zwischendurch eine Kanne schwarzen Tee mit Süßstoff und etwas Orangen- oder Grapefruitsaft.

Die Paprika waschen, putzen und in Streifen geschnitten zu den Broten essen. Im Laufe des Abends eine Banane verzehren.

1 großes Glas Gemüsesaft

Zwischendurch eine Flasche natriumreiches Mineralwasser trinken.

Belegte Leinsamenvoll-kornbrote

2	Scheiben Leinsamen-vollkornbrot
2 TL	Diäthalbfettmargarine
30 g	Hüttenkäse
30 g	Schweineschinken gekocht, ungeräuchert
2	Paprikaschoten (rot und grün)
1	Banane

Analyse:

1284	kcal
59,9 g	Eiweiß
24,3 g	Fett
198,5 g	Kohlenhydrate
35,8 g	Ballaststoffe
34,6 mg	Cholesterin

MITTWOCH

Vollkornbrötchen mit Himbeerquark

1	Vollkornbrötchen mit
60 g	Ölsamen
50 g	Quark (Magerstufe)
50 g	Himbeeren
2	Kiwis
Zitronensaft, Süßstoff	

200 ml Kaffee mit Kondensmilch 4 % Fett, evtl. mit Süßstoff

Zwischendurch eine Flasche natriumreiches Mineralwasser.

1 Glas Apfelsaft

Gedünsteter Fisch mit Gemüse und überbackenen Pellkartoffeln
Erdbeeren mit Joghurtsoße

3–4	mittelgroße Pellkartoffeln
1–2 EL	geriebener Parmesankäse
100 g	Kabeljaufilet
1 TL	Diät-3-Pflanzenöl
250 g	Porree/Lauch
1	mittelgroße Tomate
50 g	Joghurt entrahmt
150 g	Erdbeere frisch

Muskat, Süßstoff, Limettensaft, fluoridiertes Jodsalz
weißer Pfeffer, Kümmel, Cayennepfeffer

Die Pellkartoffeln in Gemüsebrühe garen, auskühlen, schälen und halbieren. Auf ein mit Backpapier ausgelegtes Backblech geben, mit Kümmel bestreuen, mit Cayennepfeffer würzen. Im auf 180 Grad Celsius vorgeheizten Backofen 10 min überbacken. Den Porree in Scheiben, die Tomate in kleine Würfel schneiden und beides in heißem Öl anbraten, gut würzen. Den mit Limettensaft beträufelten und gesalzenen Fisch auf das Gemüse legen, weiterdünsten, nach 2 min den Fisch umdrehen und erneut 2 min dünsten. Mit etwas Gemüsebrühe ablöschen.

Die Erdbeeren halbieren und gegebenenfalls mit Süßstoff süßen. Joghurt mit Süßstoff süßen, glatt rühren und über die Erdbeeren gießen.

DONNERSTAG

Eisbergsalat mit Orangenfilets

100 g	Eisbergsalat
1	Orange
2	Scheiben Grahambrot
1 TL	Diäthalbfettmargarine
1	Birne
Zitronensaft, Süßstoff	

Zwischendurch eine Kanne Früchtetee mit Süßstoff und gegebenenfalls etwas Orangensaft.

Im Laufe des Abends eine Flasche süßstoffgesüßte Limonade.

1 Glas frisch gepresster Orangensaft

Analyse:	1220	kcal
	63,2 g	Eiweiß
	19,5 g	Fett
	185,6 g	Kohlenhydrate
	42,37 g	Ballaststoffe
	72,5 mg	Cholesterin

Joghurtmüsli mit Erdbeeren

150 g	Erdbeeren
4 EL	Haferflocken
200 g	Joghurt (entrahmt)
Süßstoff, Limettensaft, Rumaroma	

Die Erdbeeren halbieren, Joghurt süßen und mit Rumaroma abschmecken, die Haferflocken im Joghurt aufquellen lassen und mit den Erdbeeren vermischen.

200 ml Kaffee mit Kondensmilch 4 % Fett, evtl. mit Süßstoff

Zwischendurch eine Flasche natriumreiches Mineralwasser.

1 großes Glas Tomatensaft

Grüne Bohnensuppe mit Würstchen

300 g	Grüne Bohnen
1	mittelgroße Zwiebel
1	mittelgroße Mohrrübe
1	Kartoffel
1	Wiener Würstchen
fluoridiertes Jodsalz, weißer Pfeffer, Petersilie, Dill	

Die Gemüse putzen, waschen und in mundgerechte Stücke schneiden. In Gemüsebrühe garen, abschmecken, das Würstchen dazugeben und kurz erwärmen.

Zwischendurch eine Kanne aromatisierten Grüntee mit etwas Süßstoff.

Pikante Brote

2	Scheiben Schrotbrot
2 TL	Diäthalbfettmargarine
1	Scheibe Edamer
1 EL	Tomatenmark
1	mittelgroße Tomate
Schnittlauchröllchen	

Das Brot mit Diäthalbfettmargarine bestreichen, eine Scheibe mit Edamer belegen und Tomatenmark darauf streichen. Die Tomate in Scheiben schneiden und das andere Brot belegen, mit Schnittlauchröllchen bestreuen.

Im Laufe des Abends eine Flasche kalziumreiches Mineralwasser.

Analyse:	1220	kcal
	63,2 g	Eiweiß
	19,5 g	Fett
	185,6 g	Kohlenhydrate
	42,7 g	Ballaststoffe
	72,5 mg	Cholesterin

FREITAG

Süße und deftige Brötchen

2	Vollkornbrötchen
2 TL	Diäthalbfettmargarine
1 TL	Kirschkonfitüre
1-2 EL Quark (Magerstufe)	
1	Scheibe Aspikwurst

200 ml Kaffee mit Kondensmilch 4 % Fett, evtl. mit Süßstoff

Hinweis: Wenn Sie anstatt gezuckerter Konfitüre auf Lightprodukte, die mit Süßstoff und Zuckeraustauschstoff hergestellt sind, zurückgreifen, sparen Sie deutlich an Kalorien ein und können beispielsweise eine Kiwi zusätzlich essen, ohne mehr Kalorien aufzunehmen als bei der Variante mit herkömmlicher Konfitüre. Kaufen Sie eine süßstoffgesüßte Konfitüre, denn ab morgen sollten Sie diese essen.

Kartoffelbrei mit Spinat und Spiegelei

250 g	Kartoffeln
50 g	Kuhmilch (teilentrahmt/ fettarm)

300 g	Blattspinat
50 g	Zwiebeln
1	Hühnerei
1 TL	Diät-3-Pflanzenöl
Petersilie, fluoridiertes Jodsalz, Muskat, bunter Pfeffer, Jodsalz	

Zwischendurch 1 Flasche magnesiumreiches Mineralwasser.

Kochen Sie Kartoffeln in Gemüsebrühe und zerstampfen Sie diese unter Zugabe von etwas Milch zu einem Kartoffelbrei, den Sie mit frisch geriebenem Muskat, Salz und buntem Pfeffer würzen. Schneiden Sie die Zwiebel sehr fein und geben Sie sie gemeinsam mit dem Spinat in einen Topf und kochen Sie den Spinat, bis er weich ist, schmecken Sie ihn dann mit Gewürzen ab. Erhitzen Sie das Öl in einer beschichteten Pfanne und bereiten Sie ein Spiegelei zu. Vor dem Servieren mit gehackter Petersilie bestreuen.

Zwischendurch eine Flasche Cola light.

SAMSTAG

Apfel-Möhren-Rohkost mit Joghurtsoße

Müsli mit Kefir und Banane

2	Scheiben Leinsamen-vollkornbrot
2 TL	Diäthalbfettmargarine
2	dünne Scheiben roher Schinken (z. B. Lachsschinken)
1	Apfel
2	mittlere Mohrrübe frisch
75 g	Joghurt entrahmt
Zitronensaft, Zimt, Süßstoff	

50 g	Früchte-Müsli (Fertigmischung ohne Zucker)
200 g	Kefir
1	Banane
Limettensaft, Süßstoff, Vanillearoma, Zimt	

Schneiden Sie die Banane in dünne Scheiben, mit Limettensaft beträufeln, geben Sie Müsli und Kefir darüber und schmecken Sie das Müsli ab.

Raffeln Sie Apfel und Mohrrübe fein, träufeln Zitronensaft darüber, vermischen Sie Joghurt mit Zitronensaft, Zimt und Süßstoff nach Geschmack und geben Sie das Dressing über die Apfel-Möhren-Rohkost.

200 ml Kaffee mit Kondensmilch 4 % Fett, evtl. mit Süßstoff

Im Laufe des Abends eine Kanne Früchtetee mit etwas Ananassaft und Süßstoff.

Zwischendurch eine Flasche natriumreiches Mineralwasser.

Gemüse-Spaghetti

1 Glas frisch gepresster Orangensaft

75 g	Teigwaren, z. B. Spaghetti (roh, eifrei)
3	Tomaten
150 g	Zucchini
1	Zwiebel
1/2	Aubergine
1 TL	Diät-3-Pflanzenöl
5 g	frische Kräuter
2 EL	Parmesan

Analyse:	1249	kcal
	59,5 g	Eiweiß
	25,5 g	Fett
	186 g	Kohlenhydrate
	39,3 g	Ballaststoffe
	252,3 mg	Cholesterin

(weitere Zutaten nächste Seite)

fluoridiertes Jodsalz, Basilikum
Thymian, Oregano, Zitronensaft
bunter Pfeffer

Kochen Sie die Spaghetti in Salzwasser al dente. Erhitzen Sie Öl in einer beschichteten Pfanne und geben Sie Zwiebelwürfel, Zucchinischeiben, Auberginenscheiben (vorher mit Zitronensaft beträufeln) und Tomatenwürfel dazu. Gut anbraten. Schmecken Sie die Gemüsepfanne gut ab und vermischen Sie sie mit den Nudeln. Im auf 180 Grad Celsius vorgeheizten Backofen mit Parmesankäse überbacken.

Zwischendurch eine Flasche Light-Limonade (mit Süßstoff gesüßt).

1 Glas Apfelsaft

Sauerkraut-Apfelsalat

200 g	Sauerkraut frisch gegart
120 g	Apfel frisch
50 g	Joghurt entrahmt
	Süßstoff, Petersilie
1	Scheibe Vollkornbrot mit Ölsamen
1 TL	Diäthalbfettmargarine
1	Scheibe Geflügelmortadella
1	Orange

Sauerkraut abtropfen lassen, den Apfel ungeschält, aber ohne Kerngehäuse in kleine Stücke schneiden und mit dem Sauerkraut mischen. Joghurt mit Süßstoff vermischen, etwas Sauerkrautsaft hinzugeben und über den Sauerkraut-Apfel-Salat geben. Mit Petersilie dekorieren. Die Orange im Laufe des Abends essen.

Im Laufe des Abends eine Flasche kalziumreiches Mineralwasser.

Analyse:	1253	kcal
	49,7 g	Eiweiß
	25,8 g	Fett
	192,6 g	Kohlenhydrate
	33,5 g	Ballaststoffe
	48,3 mg	Cholesterin

SONNTAG

Sonntags-Lachsfrühstück

1	Vollkornbrötchen mit Ölsamenzutaten
1 TL	Diäthalbfettmargarine
3 g	Dill
1/2	dünne Scheibe Lachs (geräuchert)
1 TL	Kirschkonfitüre (süßstoffgesüßt)
1	große Grapefruit

Die Grapefruit halbieren und so einschneiden, dass Sie sie auslöffeln können. Den Lachs von beiden Seiten mit reichlich Dill bestreuen.

200 ml Kaffee mit Kondensmilch 4 % Fett, evtl. mit Süßstoff

Zwischendurch eine Flasche kalziumreiches Mineralwasser.

150 ml Grapefruit Fruchtsaft

Rinderfilet mit Zwiebeln und Tomaten und Pellkartoffeln

100 g Rinderfilet
250 g Pellkartoffeln
2 Zwiebeln
2 TL Rapsöl
3-4 mittelgroße Tomaten
2 EL Parmesan
Cayennepfeffer, bunter Pfeffer, Knoblauch, Petersilie, fluoridiertes Jodsalz

Die Kartoffeln als Pellkartoffeln in Gemüsebrühe kochen. Das Rinderfilet mit buntem Pfeffer bestreuen und in einer beschichteten Pfanne anbraten. Wenn es Ihrem Geschmack entsprechend durch ist, mit Salz bestreuen. Gleichzeitig die Zwiebelscheiben kross anbraten, würzen und mit Petersilie bestreuen. Die Tomaten kreuzförmig einschneiden mit Parmesan bestreuen und auf einem mit Backpapier ausgelegten Backblech im vorgeheizten Backofen bei 180 Grad 15 min backen.

Zwischendurch eine Kanne Hibiskustee mit Süßstoff.

1 Glas Tomatensaft

Gurkensalat

2	Scheiben Schrotbrot
1	Scheibe Lachsschinken
etwas frisch geriebener Meerrettich	
30 g	Camembert (45 % Fett i. Tr.)
2 TL	Diäthalbfettmargarine
150 g	Gurke
3 g	frische Kräuter
50 g	Joghurt (entrahmt)
3 g	Zitronensaft
2	Kiwis
fluoridiertes Jodsalz, Dill	
schwarzer Pfeffer, Zwiebelaroma	

Die Gurke in Scheiben schneiden, Joghurt mit Zitronensaft und den Gewürzen sowie dem Dill glatt rühren und mit den Gurkenscheiben vermischen.

Im Laufe des Abends eine Flasche Cola Light.

Analyse:		
	1395	kcal
	79 g	Eiweiß
	40,3 g	Fett
	163,9 g	Kohlenhydrate
	30,5 g	Ballaststoffe
	131,5 mg	Cholesterin

Zu einem dieser leichten, leckeren Gerichte kann durchaus auch mal mit einem Gläschen Rotwein angestoßen werden.

4. Woche

MONTAG

Quark-Apfel-Müsli

1	Apfel
2 EL	Haferflocken
1/2	Glas Apfelsaft
1 EL	gemahlene Haselnüsse
1 TL	geh. Leinsamen
100 g	Quark (Magerstufe)
1 EL	geh. Rosinen
Zimt, Vanilleschote, Süßstoff, Zitronensaft, Rumaroma	

Den Magerquark mit Mineralwasser glatt rühren. Den Apfel in Stücke schneiden und mit Zitronensaft beträufeln. Alle Zutaten miteinander vermischen und mit den trocken in der Pfanne angerösteten Leinsamen bestreuen.

200 ml Kaffee mit Kondensmilch 4 % Fett, evtl. mit Süßstoff

Im Laufe des Vormittags eine Flasche natriumreiches Mineralwasser.

Mittagessen:

Gemüse-Kartoffel-Topf mit Krabben-Obstsalat

3-4	mittelgroße Kartoffeln
1	Zwiebel
1/2	Mohrrübe
2	dünne Scheiben geräucherter Schinken
1 TL	Sojaöl
1 EL	Saure Sahne
3 g	Petersilienblatt
50 g	Krabben
1	Kiwi
60 g	Weintrauben
1/2	Pfirsich
Dill, Muskat, fluoridiertes Jodsalz, weißer Pfeffer, Paprika edelsüß, Zitronensaft, Zimt, Süßstoff	

Die Kartoffeln als Pellkartoffeln garen, auskühlen lassen und in Scheiben schneiden. Das Gemüse putzen und im Öl anbraten. Die Kartoffeln und Krabben dazugeben, gut anbraten, kräftig abschmecken und saure Sahne dazugeben. Vor dem Servieren mit Petersilie bestreuen. Das Obst in mundgerechte Stück teilen, mit Zitronensaft, Zimt und Süßstoff aromatisieren.

1 Glas frisch gepresster Orangensaft

Im Laufe des Nachmittags eine Flasche Cola light.

Bunter Rohkostsalat

2	Tomaten
100 g	Gurke
1	Zwiebel
1	rote Paprika
1 TL	Olivenöl extra vergine
1	Scheibe Vollkornbrot mit Ölsamen
1	Banane

Balsam-Essig, Süßstoff, fluoridiertes Jodsalz, bunter Pfeffer, Thymian, Basilikum

Die Tomaten und die Gurke in Scheiben schneiden, die Zwiebel fein würfeln, die Paprika in feine Streifen schneiden und mit Balsam-Essig, Gewürzen, Süßstoff und etwas Olivenöl marinieren. Den Salat zum Vollkornbrot essen. Im Laufe des Abends die Banane essen.

Im Laufe des Abends eine Flasche magnesiumreiches Mineralwasser.

Analyse:		
	1395	kcal
	79 g	Eiweiß
	40,3 g	Fett
	163,9 g	Kohlenhydrate
	30,5 g	Ballaststoffe
	131,5 mg	Cholesterin

DIENSTAG

Vollkornbrötchen mit selbstgemachtem Kräuterquark

2	Vollkornbrötchen
2 TL	Diäthalbfettmargarine
1 TL	Erdbeerkonfitüre mit Süßstoff
30 g	Quark (Magerstufe)
3 g	Kräutermischung
1	Apfel
fluoridiertes Jodsalz, Paprika, bunter Pfeffer	

Den Quark mit etwas Mineralwasser aufschlagen, Kräuter und Gewürze dazugeben.

200 ml Kaffee mit Kondensmilch 4% Fett, evtl. mit Süßstoff

Im Laufe des Vormittags eine Kanne schwarzen Tee mit Zitronensaft und Süßstoff.

Kabeljau mit Senfsoße und Kartoffeln

300 g	Kohlrabi
200 g	Pellkartoffeln
3 g	Petersilienblatt
100 g	Kabeljaufilet
5 g	Zitrone Fruchtsaft
1 EL	Senf
1 EL	Saure Sahne
1 TL	Mehl
3 g	Kräutermischung
Muskat, weißer Pfeffer	

Den Kohlrabi in Gemüsebrühe garen, die Kartoffeln als Pellkartoffeln garen. Etwas Gemüsebrühe in die Pfanne geben, gesäuerten und gesalzenen Kabeljau darin garen, Senf mit Mehl glatt rühren und in die Soße geben, kurz aufkochen, danach würzen und saure Sahne unterheben. Mit Kräutern bestreuen.

Eine Flasche kalziumreiches Mineralwasser.

1 Glas Apfelsaft

Kohlrabi-Apfel-Rohkost mit Buttermilchdressing

2	Scheiben Grahambrot
2 TL	Diäthalbfettmargarine
2	dünne Scheiben geräucherter Schinken
100 g	Gewürzgurken
1	Scheibe Tilsiter
100 g	Kohlrabi
100 g	Apfel
50 g	Buttermilch
3 g	Kräutermischung
Süßstoff	

Kohlrabi und Apfel fein raffeln, mit Buttermilch, Süßstoff und Kräutern marinieren.

Im Laufe des Abends eine Flasche magnesiumreiches Mineralwasser.

Analyse:	1266	kcal
	69,3 g	Eiweiß
	26,2 g	Fett
	181,3 g	Kohlenhydrate
	31,9 g	Ballaststoffe
	111,7 mg	Cholesterin

Leckeres Vollkornbrot

2	Scheiben Vollkornbrot mit Ölsamen
2 TL	Diäthalbfettmargarine
1 TL	Zuckerrübensirup
1 TL	Himbeerkonfitüre mit Süßstoff

200 ml Kaffee mit Kondensmilch 4 % Fett, evtl. mit Süßstoff

1 Glas frischgepresster Orangensaft

Im Laufe des Vormittags eine Flasche Cola light.

Pellkartoffeln mit Champignongemüse & Himbeerkompott

300 g	Champignons
2	Zwiebeln
1 TL	Sojaöl
5 g	frische Kräuter
2 EL	Kräuterfrischkäse
250 g	Pellkartoffeln
150 g	Himbeeren
Süßstoff, schwarzer Pfeffer, fluoridiertes Jodsalz	

Die Champignons in Scheiben schneiden und zusammen mit den Zwiebelwürfeln kräftig in Öl anbraten, würzen und zum Schluss Frischkäse dazugeben. Dazu Pellkartoffeln essen. Die Himbeeren nach Geschmack süßen.

Eine Kanne schwarzen Tee mit Süßstoff.

Analyse:	1257	kcal
	48,7 g	Eiweiß
	36,7 g	Fett
	175 g	Kohlenhydrate
	46,8 g	Ballaststoffe
	52,3 mg	Cholesterin

Abendessen:

Rukolasalat mit Tomaten

50 g	Feldsalat oder Rukola
2	Tomaten
1	Zwiebel
20 g	Scheiben Lachsschinken
1 TL	Sojaöl
1–2 TL	Sonnenblumenkerne
2	Scheiben Vollkornbrot
Sherryessig, Gewürze, Kräuter, fluoridiertes Jodsalz	

Den Rukolasalat putzen und in mundgerechte Stücke teilen. Die Tomate vierteln. Das Sojaöl mit Sherryessig und Gewürzen vermischen und über die Gemüse geben. Die Sonnenblumenkerne trocken anrösten und darüber streuen. Das Vollkornbrot toasten und mit dem Lachsschinken belegen.

Zwischendurch eine Flasche kalziumreiches Mineralwasser.

DONNERSTAG

Vollkornbrötchen mit Orangen-Hüttenkäse-Creme

1	Vollkornbrötchen
120 g	Orange frisch
100 g	Hüttenkäse
1	Banane

Die Orange filieren und mit dem Hüttenkäse vermischen. Mit Süßstoff abschmecken und auf die getoasteten Vollkornbrötchen streichen.

200 ml Kaffee mit Kondensmilch 4 % Fett, evtl. mit Süßstoff

Zwischendurch eine Flasche kalziumreiches Mineralwasser.

Pellkartoffeln mit pikantem Gemüse

200 g	Pellkartoffeln
125 g	Mohrrübe
125 g	Porree frisch gegart
50 g	Zwiebeln
3 g	Kräutermischung
50 g	Gewürzgurken Sauerkonserve
75 g	Joghurt entrahmt
5 g	Sojaöl
Fluoridiertes Jodsalz, Pfeffer, Paprika	

Die Pellkartoffeln garen. Die Gemüse putzen und in wenig Öl scharf anbraten. Die Kräuter dazugeben und die Pfanne von der Herdplatte ziehen. Kräftig mit Gewürzen abschmecken und den Joghurt darunter ziehen.

Zwischendurch eine Kanne Hibiskustee.

Rettichsalat mit Grahambrot

100 g	Grahambrot
10 g	Margarine halbfett Linolsäure 30–50 %
30 g	Sülzen und Aspik
150 g	Rettich
5 g	Sojaöl
5 g	Peterlilienblatt
Fluoridiertes Jodsalz Sherreyessig, Süßstoff, Pfeffer	

Den Rettich raffeln und aus Öl, gehackten Petersilienblättern, Essig, Gewürzen und Süßstoff ein Dressing herstellen. Über den Rettich gießen.

Im Laufe des Abends eine Flasche magnesiumreiches Mineralwasser.

Analyse:	1233	kcal
	53,7 g	Eiweiß
	25,0 g	Fett
	189,2 g	Kohlenhydrate
	35,9 g	Ballaststoffe
	36,8 mg	Cholesterin

FREITAG

Cornflakes mit Apfel

250 g	Apfel
20 g	Rosinen
150 g	Joghurt entrahmt
45 g	Cornflakes
5 g	Leinsamen

200 ml Kaffee mit Kondensmilch 4 % Fett, evtl. mit Süßstoff

Zwischendurch eine Flasche kalziumreiches Mineralwasser.

Kidney-Bohnen-Eintopf

200 g	Tomaten Gemüsesaft
300 g	Kidney-Bohnen Konserve
5 g	Sojaöl
50 g	Zwiebeln
40 g	Tomatenmark
100 g	Zucchini
50 g	Rinder Hackfleisch gegart
	Kräuter, Gewürze, Pfeffer, fluoridiertes Jodsalz

Das Hackfleisch mit den Zwiebeln scharf anbraten, Tomatenmark und die Kidney-Bohnen sowie die Zucchinistreifen dazugeben. Kräftig abschmecken.

Zwischendurch eine Kanne schwarzen Tee mit Süßstoff.

Gemüse- Nudelsalat

50 g	Teigwaren ohne Ei
50 g	Gewürzgurken Sauerkonserve
50 g	Zwiebeln
50 g	Erbsen grün
50 g	Zuckermais frisch gegart
30 g	Schweineschinken gekocht ungeräuchert
5 g	Sojaöl
5 g	Kräutermischung
	Pfeffer, fluoridieres Jodsalz, Kräuteressig, Senf, flüssiger Süßstoff

Die Nudeln bissfest garen und mit dem mundgerecht geschnittenen Gemüse vermischen. Aus Öl, Kräutern, Gewürzen, Essig, Senf und Süßstoff ein Dressing herstellen und mit den Nudeln vermischen.

Im Laufe des Abends eine Flasche magnesiumreiches Mineralwasser.

Analyse:	1262	kcal
	69,1 g	Eiweiß
	24,8 g	Fett
	183,6 g	Kohlenhydrate
	37 g	Ballaststoffe
	49,9 mg	Cholesterin

SAMSTAG

Erdbeeren mit Joghurt

150 g	Erdbeeren
1	Vollkornbrötchen
1 TL	Diäthalbfettmargarine
1 TL	Johannisbeerkonfitüre mit Süßstoff
150 g	Joghurt (entrahmt)
	Rumaroma, Süßstoff

1 Glas Tomatensaft

200 ml Kaffee mit Kondensmilch 4% Fett, evtl. mit Süßstoff

Eine Hälfte der Erdbeeren pürieren und mit dem Joghurt vermischen. Abschmecken. Die restlichen Erdbeeren vierteln und mit dem Erdbeerjoghurt übergießen.

Zwischendurch eine Flasche kalziumreiches Mineralwasser.

Pellkartoffel-Champignon-Auflauf

250 g	Pellkartoffeln
250 g	Champignons
3 g	Öl zum Ausfetten der Auflaufform
50 g	Zwiebel
60 g	gekochter Schinken
50 g	Kondensmilch (4 % Fett)
2 EL	Parmesan
	Pfeffer, fluoridiertes Jodsalz, Cayennepfeffer

Die Pellkartoffeln garen und in Scheiben schneiden. Die Auflaufform mit Öl einpinseln. Die Zwiebeln fein würfeln und mit Schinkenwürfelchen vermischen. In die Auflaufform zuerst Pellkartoffeln schichten, darauf Champignonscheiben und ein Teil der Zwiebel-Schinkenmischung. Gut mit Kräutern und Gewürzen bestreuen. Darauf die letzten Kartoffelscheiben und die Champignonscheiben legen. Gründlich würzen und mit dem Rest der Zwiebel-Schinkenmischung und Parmesan bestreuen. Im vorgeheizten Backofen bei 180 Grad Celsius 30 min backen.

Zwischendurch eine Kanne Hibiskustee mit Süßstoff und Zitronensaft.

Hinweis: Die Sättigung von Lebensmitteln ist insbesondere von ihrem Ballaststoffgehalt abhängig. Kühlen Kartoffeln ab, verändert sich die enthaltene Stärke und der Sättigungseffekt steigt. Pellkartoffeln gehören zu den am besten sättigenden Lebensmitteln überhaupt.

Variante: Anstatt Pellkartoffeln können Sie den Auflauf auch mit 200 bis 250 g gekochten Vollkornnudeln oder Vollkornreis herstellen. Lecker schmeckt die mediterrane Variante mit Tomaten, Aubergine und Zucchini anstatt Champignons. Aber vergessen Sie dann nicht reichlich frisches Basilikum.

Tomaten-Gurkensalat mit Frühlingszwiebeln

2	Scheiben Schrotbrot
30 g	Hüttenkäse
3 g	Schnittlauchröllchen
1 TL	Diäthalbfettmargarine
100 g	Gurke
100 g	Tomate
1	Frühlingszwiebel
1 TL	Olivenöl
200 g	Mandarinen
Balsamessig, Süßstoff nach Geschmack, fluoridiertes Jodsalz weißer Pfeffer, Kräuter der Provence	

1 Glas Apfelsaft

Im Laufe des Abends eine Flasche magnesiumreiches Mineralwasser.

Analyse:	1233	kcal
	53,7 g	Eiweiß
	25,0 g	Fett
	189,2 g	Kohlenhydrate
	35,9 g	Ballaststoffe
	36,8 mg	Cholesterin

SONNTAG

Vollkornbrötchen mit Krabbencrème und Pflaumenmus

2	Vollkornbrötchen
30 g	Krabben
25 g	Saure Sahne
3 g	Dill, Schnittlauch, Petersilie
1 TL	Pflaumenmus
125 g	Pflaumen
ein Spritzer Zitronensaft, Pfeffer, fluoridiertes Jodsalz	

Die Krabben mit der Sauren Sahne und den Gewürzen abschmecken.

2 Tassen Darjeelingtee mit Süßstoff

Zwischendurch eine Flasche kalziumreiches Mineralwasser.

Brühe mit Reiseinlage, Hähnchenbrust in Orangensoße und Pellkartoffeln, Broccoli mit Mandelblättchen

200 g	Gemüsebrühe
1 EL	Reis (roh, ungeschält)
200 g	Pellkartoffeln
250 g	Broccoli
10 g	Mandelblättchen

100 g	Brustfilet vom Hähnchen
3 g	Sojaöl zum Anbraten
2-3 EL Orangensaft	
30 g	Frischkäse
Pfeffer, fluoridiertes Salz, Paprika-pulver, frische Kräuter, Kümmelsamen	

60 g	Forellenfilet (geräuchert)
5 g	Meerrettich
3 g	frische Kräuter
75 g	Endiviensalat
1 TL	Walnussöl
125 g	Himbeeren
Rotweinessig, Pfeffer, fluoridiertes Jodsalz, Süßstoff	

Den Reis in der Gemüsebrühe bissfest garen, mit Kräutern bestreuen. Die Pellkartoffeln garen und mit Kümmel bestreuen. Den Broccoli bissfest garen und mit in der Pfanne trocken angerösteten Mandelblättchen bestreuen. Das Hähnchenfilet salzen und mit Paprika-pulver bestreuen. In der Pfanne in Öl von beiden Seiten kurz anbraten, mit Orangensaft aufgießen und den Frisch-käse dazugeben. Die Pfanne vom Herd nehmen und den Frischkäse mit dem Saft zu Soße vermischen und ab-schmecken.

Zwischendurch eine Kanne schwarzen Tee mit Vanille aromatisiert mit Süßstoff.

Den Endiviensalat in mundgerechte Stücke teilen. Das Öl mit dem Essig und den Gewürzen zu einem Dressing vermischen. Über den Salat geben und die Himbeeren dazugeben.

1 Glas frischgepresster Orangensaft

Im Laufe des Abends eine Flasche magnesiumreiches Mineralwasser.

Analyse:	1395	kcal
	85,6 g	Eiweiß
	35,5 g	Fett
	174,1 g	Kohlenhydrate
	42,7 g	Ballaststoffe
	177,8 mg	Cholesterin

Abendessen:

Vollkornbrot mit Forellenfilet Endividensalat mit Walnussdressing und Himbeeren

2	Scheiben Vollkornbrot
2 TL	Diäthalbfettmargarine

5. Woche

MONTAG

Vollkornbrot mit Himbeer- konfitüre und Honig

2	Scheiben Vollkornbrot
2 TL	Diäthalbfettmargarine
1 TL	Himbeerkonfitüre mit Süßstoff
1 TL	Blütenhonig

Zwischendurch eine Flasche kalziumreiches Mineralwasser.

Mittagessen:

Gebratenes Hähnchen- brustfilet, Kräuterreis, Spargel

100 g	Hähnchenbrustfilet
1 TL	Diät-3-Pflanzenöl
2	Frühlingszwiebeln
250 g	Champignons
40 g	Kondensmilch (4 % Fett)
3 g	weißer Soßenbinder
200 g	Reis (ungeschält gegart)
5 g	frische Kräuter
200 g	Spargel
2	Schalotten
1	Apfel
Fleischbrühe, Pfeffer, Curry, fluor Jodsalz	

Das Hähnchenbrustfilet salzen und mit Currypulver und Pfeffer bestreut in der Pfanne zusammen mit Frühlings- zwiebelringen und Champignons an- braten, mit Kondensmilch und etwas Brühe aufgießen. Mit wenig Soßen- binder abbinden. Den Reis garen und mit frischen Kräutern vermischen. Den Spargel in Zitronen-Salz-Zuckerwasser bissfest garen.

Zwischendurch eine Kanne Hibiskustee mit Süßstoff.

Abendessen:

Vollkornbrote mit Frischkäse und Paprika

2	Scheiben Vollkornbrot
2 TL	Diäthalbfettmargarine
1/2	rote Paprika
30 g	Frischkäse
3 g	frische Kräuter
100 g	Mixed Pickles

Im Laufe des Abends eine Flasche ma- gnesiumreiches Mineralwasser.

1 Glas Gemüsesaft

Analyse:	1287,5	kcal
	67 g	Eiweiß
	28,9 g	Fett
	185,3 g	Kohlenhydrate
	35 g	Ballaststoffe
	99,4 mg	Cholesterin

DIENSTAG

Cornflakes mit Himbeeren

60 g	Cornflakes (ohne Zucker)
150 g	Himbeeren
150 g	Joghurt (entrahmt)
1 TL	Sesamsamen
1	Banane
Süßstoff, Vanillearoma	

200 ml Kaffee mit Kondensmilch 4% Fett, evtl. mit Süßstoff

Zwischendurch eine Flasche kalziumreiches Mineralwasser.

Mittagessen:

Pellkartoffeln mit Lein-Gemüsequark

250 g	Pellkartoffeln
100 g	Quark (Magerstufe)
1 TL	Leinöl
1/2	rote Paprika
1	Zwiebel
5 g	Schnittlauchröllchen
1/2	gelbe Paprika
Pfeffer, ein Spritzer Zitronensaft, fluoridiertes Jodsalz, Mineralwasser	

Die Pellkartoffeln garen. Den Quark mit Mineralwasser glatt rühren und mit dem Leinöl vermischen. Die Gemüse klein schneiden und gut unterrühren. Mit Schnittlauchröllchen bestreuen und kräftig abschmecken.

Tipp: Wer mag, kann in den Quark auch noch Knoblauch oder Bärlauch geben.

1 großes Glas Tomatensaft

Zwischendurch eine Kanne Früchtetee mit Süßstoff.

Abendessen:

Vollkornbrot mit Edamer und pikantem Salat

2	Scheiben Vollkornbrot mit Ölsamen
2 TL	Diäthalbfettmargarine
1	Scheibe Edamer
2 EL	Saure Sahne
50 g	Gewürzgurke
1 TL	Senf
3 g	frische Kräuter
1 EL	Mais
1	Schalotte
100 g	Gurkenscheiben
3 g	Dill
fluoridiertes Jodsalz, Weißweinessig, Süßstoff, Pfeffer	

Die Gewürzgurke fein würfeln und mit dem Senf, der sauren Sahne, den Kräutern, dem Mais, den Schalottenringen sowie den Gurkenscheiben vermischen. Mit Dill bestreuen. Aus Essig, Süßstoff, Salz und Pfeffer ein Dressing bereiten und darüber geben.

Im Laufe des Abends eine Flasche magnesiumreiches Mineralwasser.

Analyse:		
	1287,5	kcal
	67 g	Eiweiß
	28,9 g	Fett
	185,3 g	Kohlenhydrate
	35 g	Ballaststoffe
	99,4 mg	Cholesterin

MITTWOCH

Birnenmüsli mit Milch

1	Birne
3 EL	Haferflocken
150 g	Kuhmilch (teilentrahmt)
1 TL	Leinsamen
1–2 TL	Sesamsamen

200 ml Kaffee mit Kondensmilch 4 % Fett, evtl. mit Süßstoff

Zwischendurch eine Flasche kalziumreiches Mineralwasser.

Tomaten-Zucchini-Feldsalat mit Nussdressing und Sonnenblumenkernen

150 g	Tomaten
150 g	Zucchini
150 g	Champignons
75 g	Feldsalat oder Rauke
1–2 TL	Sonnenblumenkerne
1 TL	Walnussöl
1–2 EL	Kondensmilch (4 % Fett)
10 g	frische Kräuter
1	Vollkornbrötchen
1–2	Knoblauchzehen
Pfeffer, Sherryessig, Süßstoff	

Aus Öl, Kondensmilch, Essig, Knoblauchwürfelchen, Sonnenblumenkernen, Gewürzen und frischen Kräutern ein Dressing herstellen. Die Gemüse in mundgerechte Stücke teilen und mit dem Dressing vermischen. Mit einem frisch aufgebackenen Vollkornbrötchen servieren.

Abendessen:

Pikante Käsebrote

2	Scheiben Simonsbrot
2 TL	Diäthalbfettmargarine
1	Scheibe Edamer
1	Scheibe Tilsiter
1 EL	Tomatenmark
3 g	frische Kräuter
100 g	Mixed Pickles

Im Laufe des Abends eine Flasche magnesiumreiches Mineralwasser und 1 Glas frisch gepresster Orangensaft.

Analyse:	1288 kcal
	58,9 g Eiweiß
	44,8 g Fett
	157,4 g Kohlenhydrate
	31,7 g Ballaststoffe
	61,8 mg Cholesterin

Frühstück:

Nektarinenbrötchen mit Himbeerkonfitüre

2	Scheiben Vollkornbrot
2 TL	Diäthalbfettmargarine
120 g	Nektarinenscheiben
2–3 TL	Himbeerkonfitüre mit Süßstoff

200 ml Kaffee mit Kondensmilch 4 % Fett, evtl. mit Süßstoff

Zwischendurch eine Flasche kalziumreiches Mineralwasser.

Mittagessen:

Schweinefilet mit Ananas und Möhren, Sesamreis und asiatischem Gemüse

75 g	Reis (roh, ungeschält)
50 g	Schweinefilet
100 g	Ananas
1 TL	Sesamsamen
75 g	Mohrrübe
1 TL	Sesamöl
1 TL	Sojasoße
100 g	Weißkohl
100 g	Porree/Lauch
100 g	Bambussprossen (Konserve)
Pfeffer, frische Kräuter, Ingwer, Brühe, Curry	

Den Reis bissfest garen und mit Sesamsamen vermischen. Das mit Curry und Salz bestreute Schweinefilet von beiden Seiten in heißem Öl anbraten, die Ananaswürfel und Möhrenscheiben kurz mitdünsten und mit etwas Brühe aufgießen. Das Gemüse in Brühe bissfest garen und abschmecken.

Zwischendurch eine Kanne Hibiskustee.

Paprika-Möhren-Rohkost mit Quark-Zwiebeldressing

2	Scheiben Vollkornbrot
2 TL	Diäthalbfettmargarine
150 g	Mohrrübe
100 g	rote Paprika
100 g	Quark (Magerstufe)
10 g	frische Kräuter
1	Knoblauchzehe
1	Schalotte
Pfeffer, ein Spritzer Zitronennsaft, fluoridiertes Jodsalz	

1 Glas Gemüsemischung Trunk

Im Laufe des Abends eine Flasche magnesiumreiches Mineralwasser.

Analyse:		
	1282	kcal
	57,8 g	Eiweiß
	24,1 g	Fett
	202,7 g	Kohlenhydrate
	44,1 g	Ballaststoffe
	39,9 mg	Cholesterin

FREITAG

Beeren-Müsli mit Buttermilch

100 g	Himbeeren
100 g	Johannisbeeren
150 g	Erdbeeren
250 g	Buttermilch
2 EL	Haferflocken
Vanillemark, Süßstoff, abgeriebene Zitronenschale, Zitronensaft	

200 ml Kaffee mit Kondensmilch 4 % Fett, evtl. mit Süßstoff

Zwischendurch eine Flasche kalziumreiches Mineralwasser.

Feldsalat mit Nussdressing

100 g	Feldsalat oder Rukola
2	Schalotten
1 TL	Walnussöl
30 g	Frischkäse
50 g	Kondensmilch (4 % Fett)
1	Vollkornbrötchen mit Ölsamenzutaten
1	Banane
Pfeffer, Knoblauchsalz, Sherryessig, Süßstoff	

Den Feldsalat in mundgerechte Stücke zupfen. Aus Öl, Gewürzen und Frischkäse ein Dressing herstellen und mit dem Feldsalat vermischen. Dazu ein Vollkornbrötchen servieren.

Zwischendurch eine Kanne schwarzen Tee mit Süßstoff und Zitronensaft.

Abendessen:

Fenchel-Apfel-Rohkost

2	Scheiben Pumpernickel
2 TL	Diäthalbfettmargarine
1	Scheibe Zungenwurst
1 TL	Dyjonsenf
100 g	Fenchel
1	Apfel
40 g	Kondensmilch (4 % Fett)
1 TL	Zitronensaft
5 g	Petersilienblatt
	Pfeffer, fluoridiertes Jodsalz

1 Glas Gemüsesaft

Im Laufe des Abends eine Flasche magnesiumreiches Mineralwasser.

Analyse:	1283	kcal
	53,7 g	Eiweiß
	33,8 g	Fett
	180,4 g	Kohlenhydrate
	43,3 g	Ballaststoffe
	79,1 mg	Cholesterin

SAMSTAG

Frühstück:

Brötchen mit Banane und Camembert

2	Vollkornbrötchen
2 TL	Diäthalbfettmargarine
1/2	Banane
30 g	Camembert
1 TL	Johannisbeerkonfitüre mit Süßstoff

Zwischendurch eine Flasche kalziumreiches Mineralwasser.

Mittagessen:

Backkartoffel mit Krabbendip

250 g	Backkartoffeln
1	Zwiebel
2 EL	Tomatenmark
75 g	Mohrrübe
5 g	frische Kräuter
2 EL	geriebener Parmesan
50 g	Krabben
1 TL	Diät-3-Pflanzenöl
	Pfeffer, fluoridertes Jodsalz

Die Backkartoffeln im Backofen garen. Aus Zwiebelwürfelchen, Tomatenmark, geraspelten Mohrrüben, Parmesan, Kräutern, Gewürzen, Krabben und Öl einen pikanten Dip für die Backkartoffeln herstellen.

Zwischendurch eine Kanne Hibiskustee mit Süßstoff.

Linsenpaste

2	Scheiben Leinsamen-vollkornbrot
2 TL	Diäthalbfettmargarine
50 g	Linsen (gegart)
1	Knoblauchzehe
1 TL	Senf
3 g	frische Kräuter
30 g	Mohrrübe
2	Scheiben Lachsschinken
1	große Gewürzgurke
150 g	Süß- oder Sauerkirschen
Sojasoße	

Die Linsen mit einer gepressten Knoblauchzehe, Senf, gehackten Kräutern und einer geraffelten Mohrrübe zu einer Paste verrühren und auf das Brot schmieren. Die andere Scheibe mit Lachsschinken belegen.

Im Laufe des Abends eine Flasche magnesiumreiches Mineralwasser.

Analyse:	1281	kcal
	54,9 g	Eiweiß
	32,9 g	Fett
	183, g	Kohlenhydrate
	31,8 g	Ballaststoffe
	121 mg	Cholesterin

SONNTAG

Obstsalat mit Haferflocken

100 g	Apfel
100 g	Kiwi
100 g	Banane
100 g	Ananas
100 g	Orange Fruchtsaft
40 g	Haferflocken
5 g	Leinsamen
3 g	Sesam
Süßstoff, ein Spritzer Zitronensaft	

200 ml Kaffee mit Kondensmilch 4 % Fett, evtl. mit Süßstoff

Zwischendurch eine Flasche kalziumreiches Mineralwasser.

Gemüsepfanne mit Schinken und Tomaten

150 g	Zucchini
150 g	Aubergine frisch gegart
150 g	rote Gemüsepaprika
10 g	Knoblauch
20 g	Schweineschinken roh geräuchert (Lachsschinken)
5 g	Kräutermischung
40 g	Tomatenmark
150 g	Tomate

50 g	Zwiebeln
5 g	Sojaöl
Vollkornbrötchen	
Pfeffer, Tabasco, fluoridiertes Jodsalz	

Analyse:	1275,5	kcal
	47,4 g	Eiweiß
	27,7 g	Fett
	198,3 g	Kohlenhydrate
	46,3 g	Ballaststoffe
	46,3 mg	Cholesterin

Den Schinken fein würfeln und in die heiße Pfanne geben, die kleingeschnittenen Gemüse und etwas Öl dazugeben. Alles bissfest dünsten und kräftig abschmecken.

1 Glas Gemüsesaft

Zwischendurch eine Kanne Früchtetee mit Süßstoff.

Abendessen:

Sauerkraut-Salat mit Weintrauben

100 g	Pumpernickel
30 g	Sülzen und Aspik
50 g	Zwiebeln
5 g	Sojaöl
5 g	Kräutermischung
100 g	Weinsauerkraut
50 g	Weintrauben
Süßstoff, Margarine halbfett	

Im Laufe des Abends eine Flasche natriumreiches Mineralwasser.

40 schlanke Rezepte

APFELCARPACCIO MIT SAUER-MILCHKÄSE-VINAIGRETTE

Den Sauermilchkäse in kleine Würfel schneiden. Die Schinkenwürfel in einer beschichteten Pfanne kross braten und herausnehmen. Die Sonnenblumenkerne in der heißen Pfanne goldgelb rösten, herausnehmen. Den Schnittlauch waschen, trocken schleudern und in feine Röllchen schneiden.

Den Käse, den Schinken und die Schnittlauchröllchen mischen. Den Zitronensaft mit dem Zucker, Salz und Pfeffer verrühren, das Öl unterschlagen. Die Vinaigrette über die Käsemischung geben und etwa 10 Minuten ziehen lassen.

Die Äpfel waschen, abtrocknen und mit einem Apfelausstecher das Kerngehäuse entfernen. Die Äpfel in ganz dünne ringförmige Scheiben schneiden. Vier Teller mit den Apfelscheiben auslegen und die Sauermilchkäse-Vinaigrette darauf anrichten. Die Sonnenblumenkerne darüber streuen, mit Salatblättern und Korianderblättchen garnieren und sofort servieren.

Nährwerte pro Portion:

154	kcal

Zutaten für 4 Personen:

200 g	Sauermilchkäse
50 g	magere Schinkenwürfel
1 EL	Sonnenblumenkerne
1 Bund	Schnittlauch
	Saft von einer Zitrone
1 TL	Zucker
	Salz, Pfeffer
2	rotwangige Äpfel
Salatblätter und Korianderblättchen zum Garnieren	

Tipp:

Wer es noch herzhafter mag, legt die Teller mit Rinder-Carpaccio (gibt es fertig zu kaufen) aus, schneidet die Äpfel in feine Würfel und mengt sie unter die Sauermilchkäse-Vinaigrette.

BROCCOLISUPPE MIT KRABBEN

500 g	Broccoli (frisch oder TK)
0,75 l	Fleischbrühe
1 EL	Diät-Margarine
3 EL	Mehl
0,1 l	trockener Weißwein
0,2 l	Kondensmilch (4% Fett)
1	Eigelb
200 g	Müller Reine Buttermilch
50 g	Krabben
20 g	Pinienkerne
Salz, schwarzer Pfeffer Kräuter zum Abschmecken	

Broccoliröschen in Fleischbrühe gar kochen und abseihen. Margarine erhitzen, Mehl mit dem Schneebesen einrühren und mit Weißwein und warmer Fleischbrühe langsam und unter ständigem Rühren aufgießen, ca. 2 Minuten kochen lassen. Anschließend Topf vom Herd nehmen. Kondensmilch und Eiweiß verquirlen und in die Suppe rühren, kurz erhitzen. Broccoliröschen dazugeben, Buttermilch unterheben und die Suppe nochmals erwärmen, aber nicht mehr kochen lassen. Mit etwas Pfeffer und Kräutern abschmecken und nach Geschmack mit Krabben und Pinienkernen garnieren.

Die Suppe kann auch nur mit Krabben oder nur mit Pinienkernen serviert werden.

BUNTE TOMATENSUPPE TOSCANA

Nährwerte pro Portion:

213,75	kcal
4,45 g	Fett
8 g	Kohlenhydrate

Zutaten für 4 Personen:

400 g	Hähnchenbrust
1	Zwiebel
4	Paprikaschoten (verschiedene Farben)
200 g	frische Champignons
500 ml	passierte Tomaten
200 g	Bönsel Kochkäse 20%
1 TL	Gemüsebrühe

Pizzagewürz, Salz, Pfeffer, Chilipulver

Die Hähnchenbrust in kleine Stücke und die Zwiebel in Würfel schneiden. Beides mit 1 TL Öl in einem Topf anbraten.

Die Paprika klein schneiden und mit andünsten.

Die Champignons in Scheiben schneiden und mit den passierten Tomaten hinzufügen. Falls die Suppe zu wenig Flüssigkeit hat, Wasser dazugeben. Die Gemüsebrühe unterrühren.

Das Ganze leicht köcheln lassen, bis die Paprika gar sind. Die Hälfte des Kochkäses darin auflösen.

Zum Schluss die Suppe gut mit Pizzagewürz, Chili, Salz und Pfeffer abschmecken und mit dem restlichen Kochkäse anrichten.

CARPACCIO VOM KÄSE

Nährwerte pro Portion:

240   kcal

Zutaten für 4 Personen:

2 x	Loose Korbkäse mit Edelschimmel
4 EL	Olivenöl
8	schwarze Oliven
4 EL	Balsamico-Essig
1/4	Karotte
4	getrocknete eingelegte Tomaten
Salz, Zucker, etwas Lauch	

Loose Korbkäse in dünne Scheiben schneiden und fächerförmig auf 4 Tellern anrichten. Aus Balsamico-Essig, Olivenöl, Salz und Zucker ein Dressing herstellen. Oliven, Tomaten, Karotte und Lauch in feine Würfel hacken und zugeben. Das Dressing gleichmäßig mit dem Löffel über den Käse verteilen – fertig.

GEFLÜGEL-NUDEL-SUPPE

Nährwerte pro Portion:

400   kcal
1680 kJ

Zutaten für 4 Personen:

750 g	Hähnchenbrust mit Knochen
1 Bd.	Suppengrün
1	Lorbeerblatt
6	Pfefferkörner
4	Wacholderbeeren
2	Möhren
250 g	Broccoli
150 g	Nudeln (z.B. Korkenzieher)
1 Dose (425 ml)	Gemüsemais
	Pfeffer, Salz
1/2 Bd.	Petersilie

Hähnchenbrust waschen und in 1 1/2 Liter Salzwasser aufkochen lassen. Suppengrün putzen, waschen und grob zerkleinern. Suppengrün, Lorbeerblatt, Pfefferkörner und Wacholderbeeren zum Fleisch geben. Alles bei mittlerer Hitze ca. 30 Minuten garen. In der Zwischenzeit Möhren putzen, waschen und in kleine Stücke schneiden. Broccoli putzen, waschen und in kleine Röschen teilen. Hähnchenbrust aus der Brühe nehmen. Brühe durch ein Sieb gießen und wieder aufkochen lassen. Nudeln darin ca. 12 Minuten garen. Möhren und Broccoli ca. sieben Minuten vor Ende der Garzeit zufügen und mitgaren. Mais abtropfen lassen. Hähnchenbrust von Haut und Knochen lösen und in Scheiben schneiden. Mais und Fleisch zur Suppe geben und erwärmen. Mit Salz und Pfeffer abschmecken. Petersilie waschen, fein hacken und über die Nudelsuppe streuen.

KÜRBIS-KÄSE-SUPPE MIT INGWER

Zutaten für 4 Personen:

4	Packungen Loose Olmützer Quargel
1	kleinen oder 1/4 Stück eines großen Kürbis
1/2	Liter Gemüsebrühe
4	Scheiben frischen Ingwer
2	Äpfel
100 g	saure Sahne
Basilikum, Schnittlauch, Petersilie	

Den Kürbis schälen und das Fruchtfleisch in kleine Stücke schneiden. Mit der Gemüsebrühe und den Ingwerscheiben garen. Die Suppe pürieren.

Die Äpfel schälen, entkernen und in dünne Scheiben schneiden.

Mit den einzelnen Käsescheiben in die nicht mehr kochende Suppe geben und mit saurer Sahne abschmecken. Die Suppe auf Tellern anrichten und mit den frischen, gehackten Kräutern bestreuen.

LAUCHCRÈMESUPPE MIT KÄSEKRUSTE

Nährwerte pro Portion:

508   kcal

Zutaten für 4 Personen:

250 g	Loose Bauernhandkäse
500 g	Lauch
1 EL	Butter
1/2 Ltr.	Gemüsebrühe
3 EL	Mehl
2 EL	Creme fraîche
4	Scheiben Toastbrot
Salz, Pfeffer, heller Soßenbinder	

Lauch putzen und in Ringe schneiden. Lauchringe in etwas Butter anschwitzen, mit der Brühe ablöschen und 15 Minuten garen. Brühe nach Bedarf salzen und pfeffern und mit Crème fraîche abrunden – mit Soßenbinder binden. Toastscheiben rösten, mit einem Glas Kreise ausstechen. Den Loose Bauernhandkäse klein hacken und auf die Toastscheiben geben. Die Lauchsuppe pürieren, in Suppentassen füllen und je 1-2 Toastscheiben setzen. Die Suppe im Backofen bei 200 °C überbacken, bis der Käse leicht zerschmolzen ist.

FEURIGER KARTOFFEL-KÄSE-SALAT

Nährwerte pro Portion:

242   kcal

Zutaten für 4 Personen:

250 g	Loose Stangenkäse Leicht & Fit mit Edelschimmel
500 g	Pellkartoffeln
1/2	rote Chilischote
1/2	Tasse Wasser
1 TL	Instant-Gemüsebrühe
2 EL	Essig
2 EL	Kräutersenf
2 EL	Rapsöl
Zucker, Salz, Pfeffer	

Pellkartoffeln und Loose Leicht & Fit in Scheiben schneiden. Chillischote fein würfeln.

Wasser zum Kochen bringen und die Brühe darin auflösen. Noch heiß mit Essig, Senf, Chili, Zucker, Salz und Pfeffer verrühren.

Diese Soße über den Kartoffel-Käse-Salat geben, mischen und gut durchziehen lassen. Dazu passt gebratener Frühstücksspeck und gebratene Lauchkringel.

GEFÜLLTE ZUCCHINI

Zutaten für 4 Personen:

200 g	Langkornreis
6	Zucchini
2	rote Paprikaschoten
2	Zwiebeln
2	Knoblauchzehen
2 EL	Olivenöl
200 ml	Milch (1,5 %)
400 g	Bönsel, Kochkäse 20 %
2 EL	frische oder getrocknete Kräuter
1 TL	Rapsöl

Den Reis nach Packungsanleitung in Salzwasser zubereiten.

Die Zucchini und Paprika waschen. 4 der Zucchini längs halbieren, aushöhlen und in kochendem Wasser ca. 4 Minuten blanchieren.

Die Paprika, Zwiebeln, Knoblauchzehen und die restlichen 2 Zucchini würfeln und in dem Olivenöl andünsten. Mit dem gegarten Reis vermischen.

Eine Auflaufform mit 1 TL Öl ausstreichen, die halbierten Zucchinis reinlegen und mit der Gemüse-Reis-Mischung füllen.

Den Kochkäse in der Milch bei geringer Hitze auflösen und über die Zucchini gießen. Kräuter darauf streuen und im vorgeheizten Backofen bei 180 °C 12 Minuten backen.

HANDKÄS MIT MUSIK

Nährwerte pro Portion:

179   kcal

Zutaten:

4	Loose Olmützer Quargel (Handkäse)
8 EL	Essig
4 EL	Rapsöl
3	Zwiebeln, gehackt
Salz, Pfeffer, weiß Kümmel	

Aus Essig, Öl, Salz, Pfeffer, Kümmel und Zwiebeln eine Marinade herstellen.
Entweder den Handkäs vor dem Servieren mit der „Musik" übergießen oder - das mögen viele noch lieber - ihn im Steinguttopf mindestens eine halbe Stunde in der „Musik" ziehen lassen.

HARZER ROLLO ITALIANO

Nährwerte pro Portion:

220   kcal

Zutaten für 4 Personen:

250 g	Loose Hausmacher Handkäse mit Kümmel
8 EL	kaltgepresstes Olivenöl
150 g	Tomaten
100 g	Zwiebeln
je 100 g	Auberginen und Zucchini
4 EL	Basilikum-Essig
frische Basilikumblätter, Salz und Pfeffer, Oliven, Knoblauch	

Kleingeschnittene Zucchini und Auberginen in etwas Öl anschwitzen.
Knoblauch pressen, Basilikum klein schneiden, Tomaten in Scheiben schneiden.
Den Käse mit den Tomaten, Basilikumblättern, Knoblauch, Oliven, Zucchini und Auberginen anrichten. Mit einer Marinade aus Essig, Öl, Salz und Pfeffer verfeinern und z. B. mit italienischem Ciabatta Brot servieren.

HOT TACCO SALAT MIT KOCHKÄSE-DIP

Nährwerte pro Portion:

313   kcal
10,35 g Fett
21,3 g   Kohlenhydrate

Zutaten für 4 Personen:

1 Kopf Eisbergsalat	
400 g	Tatar
2	grüne Paprikaschoten
2	Zwiebeln
2	große Tomaten
1	Flasche Hot Chili Sauce
200 g	Bönsel, Kochkäse 20%
1/4	Liter Milch
100 g	Tacco-Chips

Paprika und Zwiebeln in kleine Würfel schneiden und mit dem Tatar in einer beschichteten Pfanne anbraten. Die Chili Sauce unterrühren und abkühlen lassen.

Den Kochkäse in der Milch bei kleiner Hitze auflösen und danach abkühlen lassen.

Den Salat waschen, in mundgerechte Stücke zupfen und in eine Salatschüssel geben.

Die Tomaten waschen und in Spalten schneiden, auf dem Rand des Salates verteilen.

Die Hackfleischsauce in die Mitte der Schüssel geben und die Käsesauce darauf verteilen.

Mit Chips zum Dippen servieren.

KÄSE-FRUCHT-SALAT

Zutaten für 4 Personen:

200 g	Loose Korbkäse Edelschimmel
200 g	Weintrauben
5	Walnusskerne
100 ml	Apfelsaft
3–4	frische Minzblätter
2 EL	Traubenkernöl

Den Loose Korbkäse pur würfeln, Trauben in zwei Hälften schneiden, Walnusskerne und Minzblätter klein hacken und mit Apfelsaft und Öl vermischen. Den Käse damit übergießen und gut 30 Minuten ziehen lassen. Dazu passt besonders gut Pumpernickel mit Butter.

KÄSE-LAUCH-PFANNE

Kartoffeln in Salzwasser gar kochen, pellen und in Würfel schneiden.

Die Möhren schälen und in Scheiben schneiden. Den Porree putzen, waschen und in Ringe schneiden.

In einer großen Pfanne das Öl erhitzen und die Möhrenscheiben darin etwa 5 Minuten andünsten, dann den Porree dazugeben und weitere 10 Minuten dünsten lassen. Eventuell etwas Wasser hinzugeben. Mit Salz und Pfeffer würzen.

Das Hackfleisch mit Salz, Pfeffer, Paprikapulver würzen, zu etwa 16 kleinen Bällchen formen, zum Gemüse dazugeben und anbraten. Die Gemüsebrühe angießen und mit Muskat würzen. Bei geschlossenem Deckel unter mäßiger Hitzezufuhr 10 Minuten köcheln.

Die Kartoffelwürfel hinzugeben und weitere 5 Minuten garen. Mit Zitronensaft, Pfeffer und Salz abschmecken. Zuletzt den Kochkäse darübergeben und ihn ein wenig zerlaufen lassen, mit geschrotetem Pfeffer bestreuen.

Nährwerte pro Portion:

373,5   kcal
8,95 g   Fett
37,75 g Kohlenhydrate

Zutaten für 4 Personen:

800 g	Kartoffeln
3	Möhren
3	Stangen Porree
1	EL Öl
300 g	Tatar
200 g	Bönsel, Kochkäse 20 %
300 ml	Gemüsebrühe
Salz, Pfeffer, Muskat, Paprikapulver Zitronensaft	

GEMISCHTER SALAT „VITAMINA"
MIT RADIESCHENSPROSSEN

Zutaten für 4 Personen:

1	Kopf römischer Salat oder anderer Blattsalat (geputzt ca. 200 g)
1	Stück Salatgurke
300 g	Kirsch- oder Partytomaten
1	Zwiebel
50 g	Radieschen- oder Rettichsprossen
1	hart gekochtes Ei

Würziges Schnittlauchdressing

150 g	Müller Reine Buttermilch
1 EL	Zitronensaft
1 TL	geriebener Meerrettich
1	Bund Schnittlauch
weißer Pfeffer, evtl. etwas Salz	

Den Salat putzen, waschen und in mundgerechte Stücke pflücken.

Die Gurke (evtl. ungeschält) in Scheibchen hobeln, die Tomaten halbieren oder vierteln. Die Zwiebeln schälen und in feine Ringe schneiden.

Diese Zutaten in einer großen Schüssel locker mischen, die Sprossen unterheben. Salat auf vier Teller verteilen, mit gewürfeltem Ei bestreuen.

Buttermilch mit Zitronensaft glatt rühren, Meerrettich Schnittlauch in feine Röllchen schneiden, untermischen Dressing mit Salz und Pfeffer abrunden.

HARZER SOUFFLÉ

Nährwerte pro Portion:

314   kcal

Zutaten für 4 Personen:

75 g	reifer Loose Korbkäse
1/4	Liter Milch
50 g	Diät-Margarine
50 g	Mehl
6	Eier
Salz, Pfeffer	

Den Loose Korbkäse raspeln. Milch, Salz, Pfeffer und Margarine in einem Topf aufkochen, dann das Mehl hinzufügen. Mit einem Holzlöffel so lange rühren, bis sich ein Kloß bildet.

Den Topf vom Herd nehmen. 1 Ei unterrühren und den Teig in eine Schüssel geben. Nacheinander 5 Eigelb dazu geben und den Loose Korbkäse unterrühren.

Die 5 Eiweiß steif schlagen und unter die Käsemasse heben. Die Förmchen ausbuttern und die Masse einfüllen.

Im Wasserbad im vorgeheizten Ofen bei 150 Grad ca. 20 min gar ziehen lassen. Aus den Förmchen stürzen und mit gehackten Kräutern servieren.

KARTOFFEL-GEMÜSE-GRATIN

Zutaten für 4 Personen:	
200 g	Lauch
200 g	zarte, nicht zu große Zucchini
200 g	Fleischtomaten
100 g	Möhren
600 g	gekochte und gepellte Kartoffeln
300 g	Müller Reine Buttermilch
3	Eier
100 g	geriebener Emmentaler
Pfeffer, Meersalz, Knoblauch, Muskat	

Lauch waschen, putzen und in Ringe schneiden. Zucchini waschen, in Scheiben schneiden. Möhren waschen, abbürsten und zusammen mit den Tomaten in Scheiben schneiden. Gemüse bis auf die Tomaten in Salzwasser 5 Minuten garen, abtropfen lassen. Gepellte Kartoffeln in Scheiben schneiden, abwechselnd mit dem anderen Gemüse in eine oder zwei feuerfeste Formen schichten, mit den angegebenen Gewürzen leicht bestäuben. Buttermilch mit den Eiern verquirlen, den geriebenen Käse untermischen. Die Sauce würzen und über das Gemüse verteilen. Das Gratin im vorgeheizten Backofen bei 220–240 Grad 15 Minuten überbacken. Heiß servieren und dazu einen Rohkostsalat aus den genannten Gemüsen servieren.

LASAGNE MEDITERRAN

Nährwerte pro Portion:

477,5	kcal
15,3 g	Fett
44,8 g	Kohlenhydrate

Zutaten für 4 Personen:

1	Gemüsezwiebel
2	Möhren
2	Stangen Staudensellerie
1	Zucchini
1	Tomate
1 EL	Rapsöl
300 g	Putenschnitzel
3 EL	Tomatenmark
1 Dose geschälte Tomaten (240 g Abtropfgewicht)	
1 TL	getrockneter Thymian oder frische Thymianblätter
100 ml Gemüsebrühe	
1 EL	Balsamico-Essig
1 TL	Zitronensaft
100 ml Milch (1,5 %)	
200 g	Bönsel Kochkäse mit Kräutern 40 %
200 g	Lasagneblätter
50 g	geriebener Parmesan
Salz, Pfeffer, Muskat, Zucker, Öl für die Form	

Die Zwiebel und die Möhren putzen, waschen, schälen und fein würfeln. Den Stangensellerie und die Zucchini putzen, waschen und in feine Scheiben bzw. Würfel schneiden. Die Tomate waschen, entkernen und ebenfalls in kleine Stücke schneiden. Das Putenfleisch durch den Fleischwolf drehen oder ganz fein hacken. Das Öl in einem Topf erhitzen und das Fleisch darin unter Rühren anbraten. Zuerst die Möhren zu dem Fleisch geben und 5 Minuten mitbraten. Dann das restliche Gemüse zugeben. Nach 2-3 Minuten das Tomatenmark, die Dosentomaten mit Saft und den Thymian untermischen, dabei die Tomaten im Topf etwas zerkleinern. Die Brühe und den Balsamico-Essig angießen, mit Salz, Pfeffer, Zitronensaft und je 1 Prise Muskat und Zucker würzen. Zugedeckt 20 Minuten köcheln lassen, dabei immer wieder umrühren.

Den Kochkäse in einem Topf bei schwacher Hitze schmelzen und die Milch unterrühren, mit Salz, Pfeffer und Muskat würzen.

Den Backofen auf 180 °C vorheizen. Eine Auflaufform (ca. 20 x 30 cm) mit Öl einfetten. Eine Schicht Lasagneblätter hineinlegen, darauf ein Drittel der Fleisch- und ein Viertel der Käsesauce verteilen. Den Vorgang zweimal wiederholen. Die letzte Nudelschicht ausreichend mit Käsesauce bedecken und den Parmesan darüberstreuen. Im Ofen in 30 bis 40 Minuten goldbraun backen.

ROSENKOHL-KASSLER-AUFLAUF

Nährwerte pro Portion:

546,5 kcal
12,3 g Fett
52 g   Kohlenhydrate

Zutaten für 4 Personen:

4	magere Scheiben Kassler (à 125 g)
1 kg	Rosenkohl
200 g	Bönsel Kochkäse 10 %
1/4 Ltr	Milch (1,5 %)
1	Zwiebel
1 kg	Kartoffeln
2 TL	Rapsöl
Salz, Pfeffer, geriebene Muskatnuss	

Die Kartoffeln mit Schale in Salzwasser garen. Den Rosenkohl putzen und separat kurz in Salzwasser vorgaren.

Die Zwiebel in kleine Streifen schneiden und in einer beschichteten Pfanne mit 1 TL Öl andünsten.

Den Kochkäse in einem Topf bei schwacher Hitze auflösen und die Milch unterrühren. Mit Salz, Pfeffer und Muskat abschmecken.

Die Kartoffeln pellen und in Scheiben schneiden. In eine gefettete Auflaufform geben. Die Kasslerscheiben darauf legen. Den Rosenkohl halbieren und verteilen. Die Zwiebelwürfel darüberstreuen und die Sauce in die Form gießen. Im Backofen bei 150 °C etwa 20 Minuten überbacken.

ROTE LINSEN PROVENÇALE

Nährwerte pro Portion:

360   kcal

Zutaten für 4 Personen:

250 g	Loose Frühstückskäse mit Edelschimmel
80 g	rote Linsen
1	mittelgroße rote Zwiebel
4 EL	Balsamico-Essig
6 EL	Rapsöl
Salz, Pfeffer	

Rote Linsen eine Viertelstunde in Wasser einweichen. Zwiebel in Ringe schneiden und in Olivenöl andünsten. Die Linsen dazugeben und mit Essig ein paar Minuten auf kleiner Flamme köcheln lassen, bis sie weich sind. Mit Salz und Pfeffer abschmecken. Den Loose Frühstückskäse achteln und auf dem Linsensalat anrichten. Mit dem Balsamico-Essig würzen. Dazu passt Weißbrot und Rotwein.

SCHARFE SPINAT-CHILI SPÄTZLE

Spätzle nach Packungsanweisung zubereiten. Zucker in einer Pfanne schmelzen, Kirschtomaten waschen, dazugeben, leicht karamellisieren und mit Salz und Pfeffer würzen. Knoblauch abziehen, in dünne Scheiben schneiden und in einer beschichteten Pfanne goldbraun rösten. Schalotten abziehen und fein würfeln. Spinat verlesen, waschen und putzen. Einen Teelöffel Öl erhitzen, Spinat und eine Schalotte darin andünsten. Brühe angießen, aufkochen und ca. zehn Minuten garen. Restliches Öl erhitzen, restliche Schalotte dazugeben und andünsten.

Spätzle und Chiliflocken hinzufügen und kurze Zeit ziehen lassen. Spinat grob pürieren, mit Crème fraîche verfeinern und mit Salz, Pfeffer und Muskat abschmecken. Spätzle mit der Sauce auf Teller anrichten, mit den karamellisierten Tomaten und geröstetem Knoblauch garnieren und servieren.

Nährwerte pro Portion:

21,6 g	Eiweiß
15 g	Fett
93 g	Kohlenhydrate
592	kcal
2499	kJ

Zutaten für 4 Personen:

500 g	Spätzle
1 EL	brauner Zucker
200 g	Kirschtomaten
3	Knoblauchzehen
2	Schalotten
200 g	frischer Spinat
2 TL	Rapsöl
300 ml	Gemüsebrühe
1–2 EL	Chiliflocken
100 g	Crème fraîche
Salz, frisch gemahlener Pfeffer	

SELLERIE-KÜCHLE MIT BUNTEM PFANNENGEMÜSE

1	große Sellerieknolle (700 g, geputzt)
3 EL	Mehl
1	Ei
4 EL	Semmelbrösel
1 EL	Öl zum Ausbacken
450 g	Erbsen (TK)
1 kl.	Dose Mais
2	Karotten
1 EL	frische Kräuter nach Belieben
1/2	Becher Müller Reine Buttermilch
Kräutersalz, Majoran	

Sellerie putzen und in kochendem Wasser bissfest garen. Anschließend in Scheiben schneiden, mit Kräutersalz und Majoran würzen. Ei verquirlen. Die Selleriescheiben zuerst im Ei, dann in den Semmelbröseln wenden. In einer beschichteten Pfanne Öl erhitzen und die Küchle ausbacken.

Für die Gemüseplatte Karotten in Scheiben schneiden und in etwas Salzwasser garen. Gegen Ende die Erbsen dazugeben.

Anschließend das Gemüse abseihen und in einen Topf geben. Den abgetropften Mais hinzufügen. Mit Kräutersalz abschmecken und die Buttermilch unterziehen. Alles einige Minuten bei schwacher Hitze ziehen lassen (nicht mehr kochen). Vor dem Servieren mit frischen Kräutern bestreuen.

SPINATAUFLAUF MIT SCHINKEN UND NUDELN

Nährwerte pro Portion:

666,5	kcal
18,5 g	Fett
79,25 g	Kohlenhydrate

Zutaten für 4 Personen:

400 g	Nudeln z.B. Penne Rigate
600 g	Blattspinat, frisch oder TK
100 ml	Kaffeesahne (10 %)
200 g	Bönsel Kochkäse 10 %
150 g	gekochter Schinken
150 g	Emmentaler
4	Cocktailtomaten

Salz, Pfeffer, Muskat, Knoblauchpulver

Die Nudeln nach Packungsanleitung bissfest garen. In der Zwischenzeit den Spinat mit Kaffeesahne und Kochkäse aufkochen. Kräftig mit Muskat, Pfeffer und Knoblauch abschmecken. Den Schinken würfeln.

Die Nudeln und den Schinken zu dem Spinat geben, vermischen und alles in eine Auflaufform geben.

Den Emmentaler über den Auflauf streuen. Bei 180 °C im Backofen überbacken, bis der Käse knusprig ist.

Die Cocktailtomaten halbieren oder vierteln und vor dem Servieren darauf verteilen.

BLITZ-NUDELTOPF

Nährwerte pro Portion:

30 g	Eiweiß
9 g	Fett
55 g	Kohlenhydrate
449	kcal
1886	kJ

Zutaten für 4 Personen:

300 g	Putenbrust
1 EL	Soja-Sauce
1/2 TL	mildes Paprikapulver
1	rote Paprikaschote
1	gelbe Paprikaschote
1/2	Stange Lauch
200 g	Champignons
2 EL	Rapsöl
1 l	Hühnerbrühe (Instant)
300 g	Hörnchennudeln
weißer Pfeffer	

Die Putenbrust mit Soja-Sauce, Paprika-pulver und Pfeffer würzen und im Öl rundherum anbraten. Die Hühnerbrühe angießen und aufkochen lassen. Zwischenzeitlich die Nudeln gemäß Packungsanweisung gar kochen. Die Paprikaschoten und den Lauch waschen, putzen und in grobe Stücke schneiden. Die Champignons an den Schnittstellen nachschneiden, beides in die Hühnerbrühe geben. Die garen Nudeln dem Gemüse untermengen. Den Nudeltopf mit Soja-Sauce, Salz und Pfeffer abschmecken und sofort servieren.

CURRY-GESCHNETZELTES

Putenbrust waschen, trocken tupfen, in Streifen schneiden und in erhitztem Öl in einer beschichteten Pfanne anbraten. Zwiebeln und Knoblauch abziehen, Zwiebeln fein würfeln, Knoblauch zerdrücken, zu dem Fleisch geben und ebenfalls anbraten. Brühe angießen und ca. 5-10 Minuten garen. Frühlingszwiebeln putzen, waschen und in Ringe schneiden. Ananas und Mandarinen abtropfen lassen, dabei den Saft auffangen, Früchte mit den Frühlingszwiebeln zu dem Geschnetzelten geben und kurz mit erhitzen. Geschnetzeltes pikant mit Mango-Chutney, etwas aufgefangenem Fruchtsaft, Essig, Salz, Pfeffer und Curry abschmecken sowie mit hellem Saucenbinder andicken. Nach Wunsch mit Reis und Petersilienblättchen garniert servieren.

Nährwerte pro Portion:

20 g	Eiweiß
14 g	Fett
21 g	Kohlenhydrate
292	kcal
1222	kJ

Zutaten für 4 Personen:

500 g	Putenbrust
1 EL	Speiseöl
2	Zwiebeln
1	Knoblauchzehe
500 ml	Brühe
1 Bund	Frühlingszwiebeln
1	kleines Glas natreen Ananas-Stücke (= 340 g)
1	kleines Glas natreen Mandarin-Orangen (= 340 g)
3 EL	Mango-Chutney

heller Balsamicoessig, Salz, frisch gemahlener Pfeffer, Curry, heller Saucenbinder

GRATIN AUS SPIRALNUDELN, MIT ERBSEN UND SCHINKEN

Nährwerte pro Portion:

20 g   Eiweiß
14 g   Fett
21 g   Kohlenhydrate
292   kcal
1222   kJ

Zutaten für 4 Personen:

250 g	Spiralnudeln
150 g	Möhren
1	große Zwiebel
1 EL	Butter
150 g	TK-Erbsen
250 g	gekochter Schinken in dickeren Scheiben
250 g	Magerquark
150 g	Crème fraîche
2	Eier
1 TL	Thymian
Öl für die Form, Salz, schwarzer Pfeffer aus der Mühle	

Die Nudeln in kochendem Salzwasser nach Packungsanleitung garen, eiskalt abschrecken und sehr gut abtropfen lassen.

Die Möhren und die Zwiebel schälen, beides in kleine Würfel schneiden und in heißer Butter bei milder Hitze fünf Minuten dünsten.

Die Erbsen in kochendem Salzwasser kurz blanchieren, eiskalt abschrecken, damit sie ihre schöne grüne Farbe behalten, und gut abtropfen lassen. Den Schinken in kleine Würfel schneiden.

Eine Auflaufform einfetten. Den Magerquark mit der Crème fraîche und den Eiern in einer großen Schüssel verrühren. Kräftig mit Salz, Pfeffer und Thymian würzen. Alle Zutaten darin wenden, in die Auflaufform füllen und im auf 180 °C vorgeheizten Backofen 30 Minuten garen. Gleich heiß aus dem Ofen servieren.

Tipps: Dazu passt als Beilage gemischter Salat mit Vinaigrette.

HARZER-GRATIN MIT THYMIANHACKFLEISCH

Nährwerte pro Portion:

761   kcal

Zutaten für 4 Personen:

150 g	Loose Frühstückskäse
500 g	gemischtes Hackfleisch
100 g	gewürfelter Frühstücksspeck
1	Ei
5 EL	Schlagsahne
3 EL	Semmelmehl
1 TL	frischer Thymian
1 EL	Rosmarin
60 g	Diät-Margarine
500 g	rohe geschälte Kartoffeln
500 g	Zucchini
Salz, Pfeffer, Muskat	

Hackfleisch, Speck, Ei, Schlagsahne, Gewürze und Semmelbrösel gut vermischen und daraus größere Fleischbällchen formen.

In einem geschlossenen Topf mit Butter und Thymian bei geringer Hitze ca. 6 Minuten anbraten. Kartoffeln und Zucchini würfeln. Die Kartoffeln in Diät-Margarine mit Rosmarin goldgelb braten. Mit Salz und Pfeffer würzen.

Die Zucchini separat 3 Minuten in Butterschmalz garen. Ebenfalls salzen und pfeffern. Fleischbällchen, Kartoffeln und Zucchini abwechselnd in die Auflaufform füllen.

Auf die Fleischbällchen den in Scheiben geschnittenen Loose Frühstückskäse legen und mit Thymian bestreuen. Ca. 2 Minuten unter dem Grill oder im Backofen gratinieren.

LEICHTE AUBERGINEN-HÄPPCHEN

Nährwerte pro Portion:

44	kcal pro Häppchen

Zutaten für 4 Personen:

125 g	Loose Leicht & Fit
1	große Aubergine
4	Scheiben gekochter Schinken
8	Basilikumblätter
Salz, Pfeffer	

Die Aubergine putzen, längs in 8 dünne Scheiben schneiden und in 2-3 EL heißem Öl von beiden Seiten kurz andünsten, mit Salz und Pfeffer würzen. Den Loose Leicht & Fit in 8 längliche Stücke schneiden. Die Schinkenscheiben halbieren. Dann jeweils 1 Auberginenscheibe mit einem Stück Schinken, 1 Loose Leicht & Fit Stück und einem Basilikumblatt aufrollen und mit einem Zahnstocher feststecken. Die Röllchen noch einmal in Öl kurz anbraten. Wunderbar fürs Partybuffet geeignet. Dazu passt ein Joghurt- oder Tomaten-Dip.

NUDELPFANNE MIT SHRIMPS

Die Röhrchennudeln in reichlich Salzwasser bissfest garen. In ein Sieb schütten, eiskalt abschrecken und sehr gut abtropfen lassen.

Die Zwiebel und den Knoblauch schälen, fein hacken und in einer großen Pfanne in heißem Öl weich dünsten. Die Paprikaschote putzen, waschen in schmale Streifen schneiden und in die Pfanne geben. Die Zuckerschoten waschen und schräg in 1 cm breite Streifen schneiden und dazugeben. Die Chilischote aufschlitzen, entkernen, waschen, klein schneiden und untermischen. Das Gemüse mit Salz, Pfeffer und Curry würzen und fünf Minuten dünsten.

Die Shrimps und die Nudeln untermischen, abschmecken, falls nötig nachwürzen und weitere 10 Minuten bei milder Hitze garen. Inzwischen den Koriander waschen, abzupfen, bis auf einige Blättchen fein hacken und zum Schluss untermischen. Das Gericht auf Tellern anrichten und mit den restlichen Korianderblättchen garnieren.

Nährwerte pro Portion:

21 g	Eiweiß
10 g	Fett
19 g	Kohlenhydrate
369	kcal
1546	kJ

Zutaten für 4 Personen:

250 g	Röhrchennudeln
	Salz
1	Zwiebel
2	Knoblauchzehen
2 EL	Rapsöl
1	rote Paprikaschote
150 g	Zuckerschoten
1	frische rote Chilischote
1/2 TL	Curry
250 g	gegarte, geschälte Shrimps
1 Bund	Koriander (ersatzweise Petersilie)
	schwarzer Pfeffer aus der Mühle

NUDELWOK MIT GEMÜSE UND PUTENFLEISCH

Nährwerte pro Portion:

59 g	Eiweiß
18 g	Fett
71 g	Kohlenhydrate
690	kcal
2900	kJ

Zutaten für 4 Personen:

150 g	schmale Nudeln
2	kleine Putenschnitzel (à 150 g)
1	Stück frische Ingwerwurzel (ca. 5 cm)
2 – 3	Frühlingszwiebeln
200 g	Zuckerschoten
200 g	Möhren
2 EL	Olivenöl
1 TL	Chili-Würzöl
4	TK-Riesengarnelenschwänze
3 EL	Sojasauce
2 EL	Fischsauce (Asienladen)
2 EL	frischgepressten Limettensaft
Pfeffer, eventuell etwas Speisestärke, Salz	

Die Nudeln in reichlich kochendem Salzwasser knapp bisssfest garen. Abgießen, kalt überbrausen und gut abtropfen lassen.

Die Putenschnitzel abtupfen und klein würfeln. Die Ingwerwurzel schälen und fein hacken. Die Frühlingszwiebeln putzen, grüne und weiße Teile getrennt in feine Ringe schneiden.

Die Zuckerschoten waschen und putzen, nach Belieben diagonal halbieren. Die Möhren ebenfalls putzen und in etwa 1/2 cm dicke Scheiben klein schneiden.

Den Wok trocken erhitzen. Beide Ölsorten hineingeben, heiß werden lassen und alle vorbereiteten Zutaten, bis auf Nudeln und grüne Frühlingszwiebelringe, auch die Riesengarnelen, darin unter Wenden bei starker Hitze braten. Nach sechs Minuten Nudeln, Soja- und Fischsauce und Limettensaft unterheben. Weitere sechs Minuten unter Rühren braten.

Mit Salz und Pfeffer abschmecken und nach Belieben mit ein wenig Speisestärke andicken (etwas Stärke mit wenig kaltem Wasser anrühren und unter das Pfannen-Allerlei rühren). Zuletzt einen Teil der grünen Frühlingszwiebelringe unterheben. Den Nudelwok portionieren, mit den restlichen Zwiebelringen bestreuen und die Riesengarnelen dekorativ anlegen.

GEMÜSE-NUDEL-AUFLAUF

Die Nudeln in reichlich Salzwasser nach Packungsanweisung bissfest garen, gut abtropfen lassen. Den Broccoli waschen, putzen, in sehr kleine Röschen teilen, große Stiele würfeln und in Salzwasser etwa 3 Minuten blanchieren, auf ein Sieb geben. Den Spargel schälen.

In einem Topf etwa fingerbreit Wasser mit Diätmargarine, Salz, Muskat, einigen Tropfen Zitronensaft und Zucker zum Kochen bringen. In dem Sud die Spargelstücke in etwa 10 Minuten bissfest garen. Die Spargelstücke auf ein Sieb geben, den Sud auffangen. Den Schinken fein würfeln.

Den Backofen auf 200 °C (Gas Stufe drei) vorheizen. Eine große Auflaufform einfetten und mit Semmelbröseln ausstreuen.

Die Nudeln mit den Schinkenwürfeln vermischen und in der Auflaufform verteilen.

Aus Broccoliröschen und Spargelstücken jeweils diagonal schmale Streifen in die Nudeln drücken. Den Frischkäse mit 120 ml Spargelsud glattrühren und über dem Auflauf verteilen.

Den Auflauf im vorgeheizten Backofen etwa 15 Minuten überbacken.

Nährwerte pro Portion:

26 g	Eiweiß
25 g	Fett
56 g	Kohlenhydrate
542	kcal
2275	kJ

Zutaten für 4 Personen:

300 g	Spiralnudeln
250 g	Broccoli
je 125 g	grüner und weißer Bruchspargel
1 TL	Diätmargarine
150 g	magerer gekochter Schinken
200 g	Kräuterfrischkäse

Fett, Semmelbrösel für die Auflaufform, Muskat, Zitronensaft, Salz

WRAP MIT HARZER

Nährwerte pro Portion:

390   kcal

Zutaten für 4 Personen:

100 g	Loose Bauern-Handkäse
4	Wraps
150 g	gegartes Hähnchenbrustfilet
1	unbehandelte Orange
150 g	saure Sahne
	Currypulver, Salz, grober Pfeffer

Den Harzer in Streifen schneiden, das Hähnchenbrustfilet in Scheiben schneiden. Etwas Orangenschale mit dem Zestenreißer abschälen, dann die gesamte Schale mit der weißen Haut abschneiden und die Frucht filetieren. Den Eisbergsalat in feine Streifen schneiden.

Inzwischen die Wraps in einer beschichteten Pfanne oder im Backofen kurz erwärmen, alle vorbereiteten Zutaten auf die Fladen geben. Die saure Sahne mit etwas Curry abschmecken und jeweils einen Klecks auf die Füllung geben. Mit Salz und frisch gemahlenen Pfeffer würzen.

Rechte Seite des Wraps nach innen einschlagen und von unten nach oben aufrollen. Butterbrotpapier fest um den Wrap wickeln und servieren.

KÄSE-PFANNKUCHEN „PUSZTA"

Nährwerte pro Portion:

391	kcal

Zutaten für 4 Personen (8 Stück):

100 g	Loose Bauernhandkäse mit Edelschimmel
150 g	Mehl
2	Eier
1/4 Ltr.	Milch
eine Prise	Salz
3	rote Paprikaschoten
Fertigsauce für Ratatouille	

Mehl, Eier, Salz und Milch zu einem glatten Teig verrühren. In einer beschichteten Pfanne in etwas heißem Öl aus je 1-2 EL Teig die Pfannkuchen backen. Die Paprikaschoten entkernen, waschen und in kleine Stücke schneiden. Die Paprikastücke in Öl andünsten, mit der Sauce auffüllen und nach Gebrauchsanweisung garen lassen. Das Ratatouille leicht abkühlen lassen, den Käse würfeln und untermischen. Die Pfannkuchen mit der Mischung füllen und servieren.

LECKERE KEFIRREZEPTE

Kefir „Cherry"

100 g	Müller Kalinka fettarmer Kefir® mild
100 ml	Sauerkirsch Nektar
1 cl	Grenadine-Sirup

Alle Zutaten in einem Shaker kräftig schütteln und in zwei Gläser (z.B. Sektflöten) gießen und nach Belieben garnieren.

Avocado-Kefir-Mix

150 g	Müller Kalinka fettarmer Kefir® mild
1/2	reife Avocado

Saft einer Zitrone, Kräutersalz, schwarzer Pfeffer aus der Mühle, gehackte Kresse zum Garnieren.

Kefir, Avocado, Zitronensaft und Pfeffer im Mixer pürieren, in zwei Gläser füllen und mit Kresse garnieren.

PFIRSICH-TARTE

5 g	Eiweiß
14 g	Fett
19 g	Kohlenhydrate
237	kcal
995	kJ

Zutaten für ca 12 Stücke:

Für den Teig:

200 g	Mehl
1/2 TL	natreen Feine Süsse flüssig
1	Prise Salz
150 g	Halbfettmargarine
1	Eigelb

Für den Belag:

3	Gläser natreen Pfirsiche (à 340 g)
375 g	Schmand
3	Eier
1	Päckchen natreen Puddingpulver Vanille
3 EL	natreen Aprikosen-marmelade
	Fett für die Form

Mehl mit Feine Süsse flüssig, Salz, Margarine und Eigelb zu einem glatten Teig verkneten, zu einer Kugel formen, in Folie wickeln und ca. 30 Minuten kalt stellen. Pfirsiche abtropfen lassen. Für den Guss Schmand, Eier, Puddingpulver und Marmelade verrühren.

Elektro-Backofen auf 200 Grad vorhei-zen. Eine gefettete Tarte- oder Springform mit dem Teig auslegen, dabei einen Rand hochziehen. Pfirsiche auf dem Boden verteilen, Guss darüber geben und ca. 50-60 Minuten backen (evtl. zwischendurch abdecken, falls der Kuchen zu dunkel wird). Im Elektro- und Erdgasbackofen: 200 Grad/Gas Stufe 4, Umluft 180 Grad.

SÜßE BANDNUDELN MIT BIRNEN-PFLAUMEN-KOMPOTT

11 g	Eiweiß
4 g	Fett
79 g	Kohlenhydrate
403	kcal
1686	kJ

Zutaten für 4 Personen:

2	feste Birnen
600 g	reife Pflaumen
4	Sternanis
200 ml	Pflaumensaft
2 TL	Speisestärke
400 ml	fettarme Milch
400 ml	Wasser
2 EL	Honig
200 g	Bandnudeln
3 - 4	Kokosspäne (z.B. aus dem Reformhaus)
2 Stiele	frische Zitronenmelisse

Saft von 2 Limetten, Mark von 2 Vanilleschoten

Birnen waschen, schälen, halbieren, entkernen und klein schneiden. Pflaumen waschen und entsteinen. Sternanis, Pflaumen- und Limettensaft erhitzen. Pflaumen und Birnen darin circa vier Minuten zugedeckt dünsten. Das Obst entnehmen und den übrigen Saft mit Speisestärke glatt rühren. Dann das Obst wieder zugeben und das Kompott abkühlen lassen.

Milch, 400 ml Wasser, Honig und Vanillemark in einem Topf aufkochen. Die Nudeln darin nach Packungsanweisung bei schwacher Hitze unter gelegentlichem Rühren garen (Achtung, kann leicht anbrennen).

Nudeln abtropfen lassen und mit dem Kompott auf vier Tellern anrichten. Kokosspäne in einer trockenen Pfanne anrösten und über die Nudeln streuen. Mit Zitronenmelisseblättchen garnieren.

TIRAMISU

Pudding nach Packungsanleitung mit Milch zubereiten und unter Rühren etwas abkühlen lassen. Quark und Amaretto unterrühren und mit Feine Süsse flüssig abschmecken. Eiweiß mit Salz steif schlagen und unter die Quarkcreme heben. Die Hälfte der Löffelbiskuits in eine Auflaufform geben, mit Espresso beträufeln, mit der Creme bedecken und den Vorgang noch einmal wiederholen. Tiramisu für ca. zwei Stunden kühl stellen, mit dem Kakao bestäuben und mit Zitronen-melisse garniert servieren.

Tipp: Wenn Sie das Tiramisu über Nacht kühl stellen, schmeckt es besonders aromatisch. Sie können das Tiramisu auch direkt in kleinen Schälchen Portionsweise zubereiten.

Bei dieser Tiramisuvariante sparen Sie im Vergleich zu einem klassischen Tiramisu 468 kcal pro Portion.

Nährwerte pro Portion:

17,7 g	Eiweiß
3 g	Fett
26 g	Kohlenhydrate
214	kcal
897	kJ

Zutaten für 4 Personen:

1	Päckchen natreen Pudding Vanille Geschmack
500 ml	Milch
500 g	Magerquark
2 cl	Amaretto
2	Eiweiß
1	Prise Salz
100 g	Löffelbiskuit
100 ml	Espresso
2 EL	Kakaopulver
einige Tropfen natreen Feine Süsse flüssig	

VIENENBURGER PFANNKUCHEN

Zutaten für 4 Personen:

1	Loose Stangenkäse Leicht & Fit mit Edelschimmel
150 g	Mehl
1/4	Liter Milch
1	Ei
1 EL	Diät-Margarine
150 g	gewürfelter Frühstücksspeck
Salz, Pfeffer	

Aus Mehl, Milch und Ei einen Teig anrühren. Mit Salz und Pfeffer abschmecken und 15 Minuten ziehen lassen.

Margarine in einer Pfanne zergehen lassen und 1-2 EL Teig dazu geben. Den Pfannkuchen von jeder Seite anbräunen lassen.

Den Loose Stangenkäse in Scheiben schneiden und auf den einzelnen Pfannkuchen in der Pfanne legen. Anschmelzen lassen, den Pfannkuchen mittig einklappen und kurz wenden.

ASIATISCHE NUDELSUPPE

Nährwerte pro Portion:

20 g	Eiweiß
14 g	Fett
21 g	Kohlenhydrate
292	kcal
222	kJ

Zutaten für 4 Personen:

1	Knoblauchzehe
1	Stück Ingwerwurzel
1 EL	Sesamöl
100 g	Austernpilze
1 l	Gemüsebrühe
2 EL	Soja-Sauce
1	kleine Möhre
1	Frühlingszwiebel
2	Hühnerbrustfilets
100 g	feine Suppennudeln
Salz, schwarzer Pfeffer aus der Mühle	

Den Knoblauch und die Ingwerwurzel schälen und fein hacken. In einem breiten Topf in Öl andünsten. Die Austernpilze putzen, kurz abbrausen, in schmale Streifen schneiden, in den Topf geben und fünf Minuten dünsten. Mit der Gemüsebrühe aufgießen, die Soja-Sauce dazu geben und erhitzen.
Die Möhre schälen und grob raspeln, die Frühlingszwiebel putzen, waschen und in schmale Ringe schneiden. Die Hühnerbrustfilets in Streifen schneiden, zusammen mit dem Gemüse in den Topf geben, aufkochen und fünf Minuten köcheln. Die Suppennudeln dazu geben und knapp 10 Minuten bei milder Hitze gar ziehen lassen. Die Suppe mit Salz und Pfeffer abschmecken.

Alltagstaugliche, einfache Tipps zum Abnehmen

Vorratscheck und das richtige Einkaufen

Eine gesunde Ernährungsweise beginnt bereits beim Einkaufen der Lebensmittel und bei deren Lagerung. Grundsätzlich gilt, dass die richtige Lagerung von Lebensmitteln deren Nährstoffe bewahrt. Setzen Sie Ihre Lebensmittel nicht direkter Sonnenbestrahlung und Wärme aus. Lagern Sie Äpfel stets getrennt von anderen Obstsorten. Sie bringen das andere Obst schnell zum Verfaulen. Bananen und Brot gehören nicht in den Kühlschrank. Andere Obst- und Gemüsesorten können Sie getrost im Kühlschrank aufbewahren.

Um eine Übersicht darüber zu haben, wie viel Sie wovon essen, können Sie sich einen Wochenplan machen. So können Sie auf einfache Weise wichtige, gesunde Nahrungsmittel in der Woche unterkriegen. Denken Sie daran, dass es am einfachsten ist, sich gesund zu ernähren, wenn nur gesunde Lebensmittel in der Wohnung sind. Kalorienreiche Snacks, Fertigprodukte, Süßigkeiten sollten Sie gar nicht erst in großen Mengen einkaufen und horten. So verringern Sie die Gefahr, andauernd der Verlockung zu erliegen und zuzugreifen.

Kaufen Sie Obst und Gemüse in kleinen Mengen, dann bleiben sie länger frisch. Kaufen Sie diese Lebensmittel lieber häufiger nach. Und nutzen Sie Tiefkühlware. Sie hält die Nährstoffe frisch und kann gut und über einen längeren Zeitraum aufbewahrt werden.

Bevor Sie sich auf den Weg zum Supermarkt oder Wochenmarkt machen, schreiben Sie einen Einkaufszettel. Auf diese Weise sparen Sie beim Einkaufen viel Zeit, da Sie nicht lange überlegen und suchen müssen. Zudem landet nur das in Ihrem Einkaufswagen, was Sie auch wirklich brauchen und einkaufen wollen. Das spart viel Geld.

Gehen Sie nicht hungrig einkaufen. Die Verlockungen aus den Supermarktregalen sind um einiges größer, wenn Ihr Magen knurrt und es wird

schwer, ihnen zu widerstehen. Setzen Sie sich diesem Stress gar nicht erst aus.

Kaufen Sie Obst und Gemüse nach Saison. Dann schmeckt es am besten und enthält wertvollste Inhaltsstoffe. Einen Saisonkalender für Obst und Gemüse finden Sie im Internet oder in Kochbüchern. Tiefkühlware sollten Sie erst zum Schluss Ihres Einkaufs in Ihren Wagen legen, so ist die Gefahr geringer, dass es antaut. Transportieren Sie es in einer Kühl- oder Isoliertasche.

Essen im Alltag und sinnvolles Portionieren

Mahlzeiten finden im ansonsten streng strukturierten Alltag meistens nicht zu festen Zeiten statt. Zwischen zwei Terminen wird gerne ein Zwischenstopp vor dem Kühlschrank oder der Imbissbude eingelegt. So finden auch kaum noch gemeinsame Mahlzeiten mit der Familie oder Freunden statt. Jeder isst dann, wenn er Hunger und vor allem, wenn er Zeit hat. Auf diese Weise wird meist dann gegessen, wenn es gerade passt. Oft wird dann das gegessen, was gerade da oder schnell zuzubereiten ist. Essen, Nahrungsaufnahme, Ernährung wird zu wenig ernst genommen, vor allem die Folgen davon. Dieser laisser faire-Umgang mit der Ernährung führt oft dazu, dass sie unregelmäßig und ungesund ist. Zu den Folgen einer unregelmäßigen Ernährung zählen nicht selten auch Heißhungerattacken, die dann schnell mit ungesunder Kost bekämpft werden. Die letzte Nahrungsaufnahme ist schon Stunden her, der Magen knurrt. Gerne wird in solchen Situationen nur schnell etwas zwischendurch „eingeworfen", um das quälende Hungergefühl loszuwerden.

Essen Sie regelmäßig! Drei Hauptmahlzeiten am Tag – Frühstück, Mittag, Abend – und verhindern Sie auf diese Weise Heißhungerattacken, da drei Hauptmahlzeiten den Blutzuckerspiegel konstant halten.

Essen Sie bei Ihren Mahlzeiten nur so viel, dass Ihr Hunger gestillt ist. Gerne häufen wir uns unseren Teller voll und haben den Anspruch an uns, ihn dann auch vollständig zu leeren. Das richtige Augenmaß für ein gesundes Nahrungsmaß geht verloren. Die aufgenommenen Kalorien sind dann viel zu viele und überflüssig. Brauchen tun wir sie nicht. Denn auch wenn sich ausschließlich gesunde Lebensmittel auf Ihrem Teller befinden – auch diese enthalten Kalorien. Wenn Sie aber nicht vor einem augenscheinlich frustrierend leeren Teller sitzen und nur auf eine kleine Mahlzeit schauen wollen, nutzen Sie doch einen kleineren Teller – diesen können Sie reinen Gewissens vollständig beladen und anschließend leeren. Erscheint Ihnen Ihre Portion noch zu klein, so benutzen Sie eine Kuchengabel und einen Teelöffel. Das verlangsamt das Essen und Sie können das Sättigungsgefühl wieder gut wahrnehmen.

Schlankes Frühstück

Das Frühstück ist ein wichtiger Start in den Tag. Das ist nicht so lapidar, wie es klingen mag. Es beeinflusst ihn, denn mit der richtigen Ernährung am Morgen wird die Konzentrations- und Leistungsfähigkeit gesteigert. Das Frühstück kurbelt den Stoffwechsel an und füllt die aufgebrauchten Energievorräte. Wenn Sie morgens noch keinen Bissen hinunterkriegen, keinen Appetit haben oder die Zeit mal wieder drängt, so sollten Sie zumindest etwas trinken und Ihr Frühstück später einnehmen.

Als Getränke bieten sich kohlensäurehaltige Getränke an, da sie den Kreislauf anregen. Ebenso eignen sich auch folgende Getränke als gute Basis für den Tag: Kaffee mit Milch, denn das Koffein verbessert die Durchblutung sowie die Konzentrationsfähigkeit und Milch macht satt. Capuccino, Latte Macchiato und Espresso machen Sie langsam, aber sicher wach. Das in ihnen enthaltene Koffein wirkt langsamer, aber stetiger als in herkömmlichem Kaffee. Zudem ist der Espresso magenverträglicher. Schwarzer und Grüner Tee enthalten Inhaltsstoffe, die das Kariesrisiko vermindern; ihr Koffein macht munter. Kräuter-, Früchte-, Rotbusch- und Fencheltee beruhigen den Magen und Darm. Rotbusch enthält außerdem wertvolle Antioxidantien. Milch und Milchmix-Getränke enthalten hochwertiges Eiweiß, das für den Muskelaufbau wichtig ist, und sie sind gute Kalziumquellen. Achten Sie auf fettreduzierte Milchgetränke – sie schmecken ebenso gut, enthalten jedoch deutlich weniger Kalorien und liegen daher nicht so schwer auf den Hüften. Auch Fruchtsäfte lassen den Tag frisch beginnen. Sie liefern eine extra Portion Vitamine und Mineralstoffe. Jedoch enthalten sie aufgrund des Fruchtgehalts verstärkt Zucker. Noch mehr Zucker steckt in Nektar, der zusätzlich mit Zucker gesüßt wird.

Das ideale Frühstück besteht aus Getreideprodukten oder Vollkornbrot kombiniert mit frischem Obst und mageren Milchprodukten: ein Müsli mit einem mageren Joghurt und einer dazu geschnittenen Banane oder mit fettreduzierter Milch mit einem frischen Apfel dazu oder ein getoastetes Vollkornbrot mit Harzer Käse, dem fettärmsten Käse überhaupt, dazu etwas Obst und einen Kaffee mit Milch. All das sind Beispiele für einen gesunden Tagesbeginn. Verwenden Sie zuckerfreies Müsli und süßen Sie es bei Bedarf mit selbstgemachtem Püree aus Beeren oder mit einem halben Teelöffel Honig. Auch wenn Sie etwas Obst hineingeben, wird Ihr Müsli süßer.

Greifen Sie beim Marmeladenbrot zu Magerquark oder fettreduziertem Frischkäse als Alternative zu Butter oder Margarine. Fleischprodukte und Eier sind wahre Fettnäpfchen am Frühstückstisch und sollten aufgrund ihres Fettgehalts die Ausnahme sein. Frühsportler sollten vor dem Sport nur ein Glas Apfelschorle oder Mineralwasser trinken oder eine Banane essen. Das richtige Frühstück können Sie dann später nachholen. Das Frühstück sollte 30 Prozent der Tageskalorien ausmachen. Verzichten Sie nicht auf Ihr Frühstück und nehmen Sie sich die Zeit dafür. Frühstücken macht nämlich schlank: Regelmäßiges Frühstücken hilft, das Gewicht zu halten. Der erste Appetit des Tages ist gestillt und kann so später besser im Zaum gehalten werden, da es nicht zu den gefürchteten Heißhungerattacken kommt. Wer nicht frühstückt, riskiert spätestens gegen Mittag eine starke Heißhungerattacke, die dann meist zu große Portionen mit jeder Menge Kalorien zur Folge hat.

Schlankes Mittagessen

Gerade mittags muss das Essen oft schnell gehen. Doch die meisten raschen Sattmacher bestehen aus viel Fett, leicht verdaulichen Kohlenhydraten und vielen Kalorien. Oft wird bei schnellem Essen mehr als nötig gegessen. Denn schnelles Essen lässt das Sättigungsgefühl erst verzögert einsetzen – und es hält nicht lange vor, da der Blutzuckerspiegel zu schnell in die Höhe gepuscht wird, um dann rasant wieder sehr tief zu sinken.

Die Folgen davon sind Heißhungerattacken, Verdauungsprobleme und die unerfreuliche Gewichtszunahme. Daher sollten Sie Ihre Mittagspause und Ihre Mahlzeit ernst nehmen und sich Zeit zum Essen gönnen, trotz Stress oder besonders bei Stress. Verlassen Sie in der Pause Ihr Büro, Ihren Arbeitsplatz und gehen Sie raus an die frische Luft.

Wichtig ist, dass Sie mittags etwas essen: Ohne Essen wartet das „Mittagstief" mit Sicherheit auf Sie. Zu langes Herausschieben des Mittagessens führt zu Heißhunger spätestens am Nachmittag – und dann oft zum Griff zu Süßigkeiten. Denn sie sind schnell zugänglich und besänftigen zunächst einmal den Hunger. Zudem arbeitet es sich mit leerem Magen unkonzentrierter und daher schlechter. Deshalb sollten Sie vor dem großen Hunger essen und ihn gar nicht erst anwachsen lassen.

Auch beim Mittagessen gibt es ein paar Tricks – unabhängig davon, ob Sie selbst kochen, in die Kantine oder in ein Restaurant gehen. Generell gilt, dass Fett schwer im Magen liegt und müde macht. Daher sollten Sie mittags lieber auf ballaststoffreiche Lebensmittel zurückgreifen, wie zum Beispiel

Vollkornreis oder -nudeln. Denn Ballaststoffe sind gut für die Verdauung und die Sättigung und halten lange vor. Ihr Blutzuckerspiegel steigt nur langsam an. Der Vitamin- und Nährstoffgehalt ballaststoffreicher Lebensmittel steht in einem günstigen

sichtbares Fett von dem Fleisch ab, egal ob zu Hause oder in einem Restaurant. Vor allem beim rohen Schinken gibt es meist einen breiten Fettrand – entfernen Sie ihn vor dem Essen. Wenn Sie mageres Fleisch einkaufen, müssen Sie daheim weniger Fett abschneiden und

Verhältnis zu den Kalorien – viele gesunde Inhaltsstoffe und dabei wenig überflüssige Kalorien. Es ist besser, leichte Fitmacher wie Salate, die reich an Vitaminen und Mineralstoffen sind, zu wählen. Anstelle eines cremigen Dressings entscheiden Sie sich lieber für ein Vinaigrettedressing auf Essig-Öl-Basis.

Ebenso eignen sich mittags Hülsenfrüchte, also Erbsen, Bohnen sowie Linsen, Obst sowie Lebensmittel mit einem hohen Eiweißgehalt. Kombinieren Sie Gemüse mit magerem Fleisch oder Fisch. Geflügel ist sehr mager, kalorienarm wird es, wenn Sie von Ente, Gans, Huhn oder Pute die Haut nicht mitessen. Schneiden Sie

ersparen sich so etwas Arbeit. Besonders fettarm sind Filets und Teile aus Brust und Schulter.

Beim Fisch können Sie wenig falsch machen, denn es gibt ein großes Angebot an fettarmen Fischsorten. Dazu zählen Hecht, Barsch, Flunder, Kabeljau, Lotte, Schellfisch, Scholle, Seelachs, Zander, Forelle, Dorsch. Fettreicher hingegen sind Hering, Thunfisch, Sprotten, Makrele, Lachs. Diese Fischsorten sollten seltener auf dem Speiseplan stehen. Doch auch diese Fische enthalten lebenswichtige Omega-3-Fettsäuren.

Würzen Sie Ihre Mahlzeit mit scharfen Gewürzen wie Ingwer, Chili oder Meerrettich. Sie geben nicht nur dem

Essen eine besondere Note, sie sind auch gute Kalorienkiller. Ihr Gericht können Sie mit aromatischen Kräutern, die Körper und Geist anregen und die Verdauung erleichtern, schmackhaft und gesund abrunden.

Bevorzugen Sie frische Lebensmittel oder Tiefkühlkost. Bereits beim Einkaufen können Sie dies beachten. Fertiggerichte können sehr fettreich sein und sollten daher eine Ausnahme bleiben – überprüfen Sie vor dem Kauf die Nährstoffangaben. Beachten Sie, dass Kartoffeln sättigender sind als Reis und Nudeln und zudem auch kalorienärmer. Das Sättigungsgefühl hält somit länger vor. Gehen Sie ähnlich wie beim Einkaufen nie ausgehungert ins Restaurant. Auch hier ist das Angebot zu verlockend, schon der Duft regt stark an und verführt Sie dazu, mehr zu essen, als Ihr Hungergefühl eigentlich zum gestillt werden braucht.

Vermeiden Sie im Restaurant das angebotene Weißbrot mit Kräuterbutter. Bei jeder Scheibe liegen bereits 80 kcal und 3 g Fett auf Ihrem Teller. Essen Sie Salzkartoffeln, Nudeln, Reis, Brot, Gemüse und Obst nicht als Beilage, sondern als Sattmacher. Sie sind ballaststoffreich und gut bekömmlich.

Essen Sie daher mit gutem Gewissen eine große Portion Gemüse und Salat und nur eine kleine Menge Fleisch und Soßen. Vor allem bei Gewichtsproblemen sollten Sie Ihre Gemüseportion verdoppeln und gebratene Sättigungsbeilagen wie Gratins

und Soßen weglassen. Geleerte Energiedepots werden gut und reichlich aufgefüllt, aber das Kalorienkonto wird dabei nicht unnötig belastet. Essen Sie vor dem Hauptgang einen Salat oder trinken Sie ein Glas Mineralwasser. Ihr Magen ist dann bereits etwas gefüllt und Sie werden leichter satt.

Gehen Sie statt zum Griechen häufiger mal zum Asiaten essen. Eine Sushi-Mahlzeit enthält nur etwa 500 kcal und 5 bis 10 g Fett. Alternativ dazu hält die griechische Grillplatte mit 1200 kcal und 35 g Fett dagegen.

Schlankes Kochen

Selbstkochen ist die beste Möglichkeit, genau zu wissen, was auf den Teller kommt. Vor allem in Phasen der Ernährungsumstellung ist das von Vorteil. Gesundes Kochen ist nicht schwer, und es gibt einige Tipps und Tricks, die Ihnen dabei helfen.

Dämpfen, dünsten, im Wok braten oder grillen spart Fett sowie Kalorien und schont die Nährwerte der Lebensmittel. Vermeiden Sie fettreiche Zubereitungsarten wie frittieren, panieren, in Öl einlegen oder langes Braten. Garen Sie Gemüse in wenig Wasser. Bereiten Sie Kartoffelpuffer im Waffeleisen zu. Wenn Sie dennoch frittieren wollen, dann lassen Sie das Frittiergut auf einem Küchentuch abtropfen, bevor es auf den Teller kommt. Wenn Sie Fleisch unbedingt braten möchten, legen Sie es vorher zum Garen kurz in heißes Fett. Anschließend kann durch die Oberfläche weniger Fett eindringen.

Gebrauchen Sie bei all Ihren Speisen zum Würzen reichlich frische Kräuter. Scharfe Gewürze wie Chili oder auch Tabasco heizen den Stoffwechsel so richtig an und eignen sich daher gut als Kalorienkiller. Sojasoße, Senf oder Meerrettich sind zum Würzen ideal. Würzen Sie mit gekörnter Gemüsebrühe, nicht mit Brühwürfeln, denn sie enthalten reichlich Fett.

Verwenden Sie für Ihre Soßen nur mäßig oder gar kein Öl, Mayonnaise oder Crème Fraîche. Besser für eine gesunde Ernährungsweise eignen sich Senf, saure Sahne, Joghurt, Quark, Dickmilch oder Milch. Fettärmer sind Soßen mit Joghurt als Grundlage. All diese Produkte stehen Ihnen fettreduziert zur Verfügung. Zum Binden von Braten- oder Gemüsefonds, entfetteten Soßen und Suppen können Sie püriertes Gemüse oder Zwiebeln, die Sie mitgekocht haben, Hafer- und Hirseflocken oder geriebene rohe Kartoffeln verwenden. All dies schlägt nicht so stark in die Kalorienwaage wie Mehl, Sahne und Ei und ist zudem noch sättigender.

Mit Essig und Kräutern lassen sich fett- und kalorienarme Soßen schmackhaft zubereiten. Bei Rahmsoßen oder Aufläufen ersetzen Sie die Hälfte der Sahne durch Milch oder Kaffeesahne oder ersetzen Sie die Sahne vollständig durch fettarme Milch und saure Sahne mit einem Fettgehalt von maximal zehn Prozent.

Entfetten Sie fette Brühen und Soßen mit Fettabtrenner. Wenn Sie die Suppe oder Soße einen Tag vor dem Verzehr zubereiten und kochen, können Sie sie über Nacht kalt stellen und am nächsten Tag das Fett abschöpfen.

Bevorzugen Sie Salz-, Pell- und Folienkartoffeln statt der fettreicheren Varianten wie Bratkartoffeln, Kartoffelpuffer, Rösti, Pommes frites oder Kroketten. Entschärfen Sie Fettfallen wie Gratins und Aufläufe, indem Sie die Käsemenge halbieren und diese Hälfte durch Semmelbrösel ersetzen. Die Kruste wird knusprig und Sie sparen pro Portion ca. 10 g Fett.

Es reicht ein Teelöffel Öl für eine große Schüssel Salat genauso für das Braten von Fleisch. Wenn Fleisch und Gemüse in der Pfanne im Öl schwimmen, steigt automatisch der Fettgehalt im Essen deutlich an. Braten Sie Fleisch und Fisch ohne Panade. Sie können Fleisch, Fisch und Geflügel ohne Fett in einer beschichteten Pfanne, einem Tontopf oder im Bratschlauch garen. Auch für das Braten von Gemüse und Bratkartoffeln können Sie beschichtete Pfannen verwenden, dann benötigen Sie nur wenig oder gar kein Fett.

Bei Hackfleischgerichten ersetzen Sie ein Drittel Fleisch durch geraspeltes Gemüse. Pommes frites können Sie im Backofen auf einem mit Backpapier ausgelegten Blech knusprig-kross backen. Da Fett ein wichtiger Geschmacksträger ist, gilt für fettarmes Kochen: Würzen Sie fettarme Gerichte reichlich mit frischen Kräutern, Sojasoße oder Meerrettich.

Zum Kochen und Backen eignen sich fettarme Milch (0,3 bis 1,5 % Fett), fettarmer Joghurt und Magerquark genauso gut wie ihre fetten Alternativen. Aber auf diese Weise meiden Sie fettreiche Lebensmittel. Legen Sie beim Backen Backpapier auf das Blech, statt es einzufetten. Auch die Auflauf- und Backformen müssen nicht eingefettet werden, wenn Sie Backformen mit Backpapier auslegen.

Verringern Sie beim Backen von Kuchen die Fett- und Zuckermengen und erhöhen Sie stattdessen die Obstmenge. Wenn Sie zum Backen eine Fertigmischung verwenden, können Sie die Hälfte der benötigten Fettmenge durch Magerjoghurt und einen Esslöffel Grieß ersetzen.

Schlank in Büros ohne Kantine

Sollten Sie in Ihrer Mittagspause keine Zeit haben, etwas essen zu gehen, da es an Ihrer Arbeitsstelle keine Kantine gibt, wo das Essen bereits fertig auf Sie wartet, nehmen Sie sich etwas zu Essen für Ihre Pause mit. Hier eignet sich als nährstoffhaltige, sättigende Mahlzeit ein Vollkornmüsli mit Obst und Joghurt. Oder auch ein Sattmacher-Salat mit geraspeltem Gemüse, Hülsenfrüchten, Getreide, Ei, Thunfisch, Hühnerbrust oder Krabben – Vegetarier nehmen stattdessen Nüsse.

Etwas Warmes, was gut mitgenommen werden kann, ist eine Gemüsesuppe. Sie können sie vorkochen und in einer Mikrowelle warm machen. Dazu passt als sättigende Einlage Pesto, Parmesan oder auch etwas mageres Fleisch. Süßliebhaber können sich einen Milchreis mit Obst oder eine Quarkspeise mit Früchten mitnehmen.

Schlanke Geschäftsessen

Auch bei Geschäftsessen können Sie Ihrer gesunden Ernährungsweise treu bleiben, indem Sie den Blick auf die Speisekarte schärfen und klug zwischen dem Angebotenen wählen. Bestellen Sie Salate, Wok-Gemüse oder Gemüsesuppen. Gesunde Beilagen sind Pellkartoffeln, Reis oder Nudeln, Ausnahmen hingegen sollten auch beim Geschäftsessen Bratkartoffeln, Pommes, Rösti oder Gratins sein. Vermeiden Sie Alkohol, denn er verstärkt den Appetit, ist kalorienreich und macht müde, was für ein Gespräch immer kontraproduktiv ist und keinen guten Eindruck macht.

Auch Menüs und Buffets sind Schlemmerfallen. Sie verlocken mit ihrem üppigen Angebot, sodass über die Sättigung hinaus gegessen wird. Soßen wie Hollandaise, Bernaise, Béchamel- oder Sahnesauce sind reinste Butterbomben und sehr fettreich. Das Gleiche gilt für Frittiertes, Gratins und Hackfleischgerichte. Sahnedesserts wie Mascarpone, Eis und Mousse sind Kalorienbomben.

Schlanke Süßigkeiten

Lust auf Süßes? Gesunde Ernährung schließt Süßes nicht aus! Nur gibt es ein paar Dinge, die Sie beachten können, so dass Sie auch Süßes in Maßen genießen dürfen. Die gesündeste Süße steckt in frischem Obst, in Äpfeln, Bananen, Beeren, Melonen – je nach Saison. Daneben enthält Obst wertvolle Inhaltsstoffe und weniger Kalorien. Ein Gefühl der Verwöhnung und des Luxus gewinnen Sie, wenn Sie zu ausgefalleneren Obstsorten greifen wie Lychees, Mangos oder auch Papayas.

Süße Joghurts oder Quarkspeisen erhalten Sie in jedem Supermarkt fettreduziert. Jedoch sollten Sie dennoch vorsichtig bei süßen Low-Fat-Produkten sein, denn „fettarm" heißt nicht auch zugleich arm an Kalorien. Ein fettarmer Joghurt mit Früchten kann beispielsweise sehr viel Zucker und damit viele unnötige Kalorien enthalten. Achten Sie daher auf die Kalorienangaben der Verpackungen bei süßen Lebensmitteln.

Bereiten Sie alle Beeren-Speisen lieber selbst frisch zu. Fertigprodukte wie beispielsweise die Rote Grütze oder Joghurts mit Früchten enthalten oft unnötig viel Zucker und Fett. Beeren-Müslis oder Beeren-Shakes können Sie statt mit Vollmilch auch mit fettarmer Milch, Dickmilch, Kefir oder Buttermilch anrühren. Wenn Sie Ihre Konfitüre selbst einkochen, sparen Sie viel Zucker und können die Zutaten nach Ihrem eigenen Geschmack kombinieren. Besonders fruchtige und zuckersparende Ergebnisse erzielen Sie mit Gelierzucker 3:1.

Bei Nachspeisen lassen sich Kalorienbomben wie Sahne und Crème fraîche gut durch leichtere Varianten

wie fettreduziertem Frischkäse, Quark oder Joghurt ersetzen. Nutzen Sie für Puddings, Crème-, Joghurt- und Quarkspeisen fettarme Milch, fettarmen Joghurt oder Magerquark.

Auch ein Kompott aus sauren Früchten wie Johannis- oder Stachelbeeren braucht nur eine geringe Menge Zucker. Mindern Sie die Fruchtsäure, indem Sie beim Aufkochen etwas Natron zugeben. Den sauren Geschmack mancher Beeren müssen Sie nicht durch Zucker ausgleichen. Durch Zugabe von süßen Früchten wie zum Beispiel Erdbeeren, Pfirsichen, Birnen klappt es ebenso gut.

Statt zu Kuchen und Torte zu greifen, bevorzugen Sie lieber Löffelbiskuit, Russischbrot und Hefeteigprodukte. Ein Stück Hefekuchen mit Obst ist lecker und schlägt nicht so stark auf die Hüften wie ein Stück Sahnetorte. Verwenden Sie zum Ausbacken von Pfannkuchen eine beschichtete Pfanne und möglichst wenig Fett.

Süßen Sie Ihre Speisen weniger stark. Statt Zucker verwenden Sie etwas Honig oder Fruchtdicksäfte.

Es ist völlig in Ordnung, mal etwas Süßes zu naschen. Nichts ist frustrierender, als sich die Nascherei strikt zu verbieten. Das hält wohl niemand lange durch. Irgendwann meldet sich der Heißhunger auf Süßes. Aber wenn Sie zu etwas Süßem greifen, sollten Sie dies bewusst, in Maßen und mit Genuss tun. Nicht zwischendurch einfach einen Schokoriegel reinschieben, um dem quälenden Hungergefühl zu entgehen.

Das ist schade um die leckere Schokolade – und schade um die große Menge sinnlos gesammelter Kalorien. Süßes sollte die Ausnahme auf dem täglichen Speiseplan sein – dann aber sollten Sie es sich mit Lust und Wonne langsam und genießerisch auf der Zunge zergehen lassen. Denken Sie daran, dass Bitterschokolade besser als Vollmilch ist und Trockenfrüchte besser als Fruchtgummis.

Weniger Süßhunger zu haben, lässt sich lernen. Süßgeschmack ist nämlich eine Frage der Gewohnheit. Versuchen Sie, nach und nach mit weniger Süßem auszukommen. Am besten und einfachsten gelingt das, wenn Sie schlicht im Supermarkt die entsprechenden Regale auslassen und gar nichts davon erst kaufen. Dann liegt es auch nicht zu Hause bei Ihnen rum und verführt Sie.

Schlankes Trinken

Vergessen Sie beim Essen das Trinken nicht. Regelmäßiges und ausreichendes Trinken ist wesentlicher Bestandteil einer gesunden Ernährungsweise. Jeden Tag sollten Sie 1,5 bis 2 Liter trinken. Am besten sind Mi-

neralwasser und ungesüßte Tees, da diese Getränke nicht noch mit weiteren Kalorien aufwarten. Damit Sie das Trinken während Ihrer Arbeit nicht vergessen, sollten Sie bereits morgens eine Flasche Mineralwasser mit einem Glas an einen Ort in Ihrer unmittelbaren, greifbaren Nähe stellen, sodass Sie es immer im Blick haben. Sobald Sie das Glas leer getrunken haben, füllen Sie es gleich wieder auf – so können Sie jederzeit zugreifen. Auf diese Weise ist das Trinken Teil Ihres Tagesablaufes und wird zur Gewohnheit. Kleben Sie sich einen Erinnerungszettel an den Kühlschrank oder den PC.

Sie sollten regelmäßig über den Tag verteilt trinken und die erforderliche Menge nicht auf einmal in sich hineinkippen. Am besten, Sie legen sich für die ersten 14 Tage einen Trinkplan an und schreiben auf, wie viel Sie wann getrunken haben. So können Sie abends schauen, ob Sie genug getrunken haben. Und für den nächsten Tag planen, wann Sie an Ihr Trinken denken müssen, um das Soll zu erfüllen.

Schlankes Abendessen

Das Abendessen rundet Ihren Tag ab. Es sollte leicht verdaulich sein und Ihren Körper nicht belasten. Damit Ihr Schlaf erholsam ist, sollten Sie daher nichts Schweres mehr abends zu sich nehmen, das den Stoffwechsel unnötig belastet. Auch Anregendes gehört nicht auf den Abendbrottisch. Abends ist es wichtig, die Gesamtmenge des Kalorienbedarfs am Tag sowie deren Verbrauch erreicht zu haben. Dabei ist die Uhrzeit, wann Sie zu Abend essen, weniger entscheidend.

Sollten Sie abends die Hauptmahlzeit einnehmen, ist dies am besten zwei Stunden vor dem Schlafengehen, um das Einschlafen nicht zu stören. Abends stehen Freizeit und Entspannung im Mittelpunkt, so dass die Disziplin beim Essen oft leidet und man sich gerne genussvoll gehen lässt.

Einige Tipps unterstützen Ihre gesunde Ernährung.

Wenn Sie mittags warm gegessen haben, gibt es abends das „kalte" Abendessen. Der Klassiker ist sicherlich das belegte Brot. Greifen Sie zu Vollkornbrot, was getoastet richtig lecker schmeckt, und belegen Sie es wahlweise mit fettarmem Koch- und Bierschinken oder Geflügelwurst statt fettreicher Salami oder Streichwurst. Oder mit mageren Käsesorten oder mit Kräuterquark statt Vollrahmkäse. Magere Käsesorten sind Harzer Käse, Kochkäse und Hüttenkäse, fettarmer Schnittkäse sowie Quark, der weniger als 30 % Fett i. Tr. beinhaltet. Tomatenmark, Frischkäse, Senf, vegetarische Brotaufstriche, wie zum Beispiel Paprikapaste, Pesto und Halbfettmargarine sind ein gesunder Butterersatz. Oder verwenden Sie Streichfette wie Butter und Margarine, wenn überhaupt, nur sparsam.

Mariniertes oder sauer eingelegtes Gemüse ist ein genussvoller vegetarischer Brotbelag. Auch knackige Gurkenscheiben, Paprika, Tomatenscheiben sowie Rettich- oder Radieschenscheiben sind frische und abwechslungsreiche Alternativen. Zum Abendessen eignen sich auch ein leichter Salat, Gemüsequiche, Gemüsesuppen, leichte Getreidetöpfe auf der Basis von Reis, Couscous oder Getreidegrützen sowie Pasta geschwenkt mit frisch gedünstetem Gemüse. All das ist bekömmlich und belastet nicht. Lagern Sie Butter nicht im Kühlschrank.

Streichfähige Butter lässt sich dünner auf das Brot streichen und daher besser portionieren. Beachten Sie, dass Salami und roher Schinken fettreicher als gekochter Schinken, Lachsschinken, Roastbeef, Deutsches Cornedbeef, Kasseler, Kochschinken, Bierschinken und aufgeschnittener Braten sind.

Gerne wird das Abendessen auch als Verwertungsgelegenheit für die Reste des Mittagessens genutzt. Oder es wird erst abends warm gegessen, da tagsüber keine Zeit dafür war. Schwieriger wird es dann, wenn ein Partner mittags warm isst, der andere aber nicht dazu kommt. Das führt schnell zu Zuviel, da einer von beiden doppelt zubereitet und doppelt isst.

Hierfür gibt es einfache Tricks, wie Sie verhindern können, zweimal aufwendig kochen und essen zu müssen. Stellen Sie Teile vom Salat mittags nach dem Putzen in einer Plastikbox in den Kühlschrank und mixen Sie das Dressing gleich auf Vorrat. Erst abends ziehen Sie es unter den Salat. Die Abendportion Fleisch oder Fisch sollten Sie mittags noch nicht garen, sondern erst abends frisch zubereiten.

Gemüse können Sie in der Mikrowelle aufwärmen. Geben Sie einen Spritzer Zitronensaft, Sauerrahm oder ein paar Kräuter hinzu – das peppt es auf. Beilagen wie Reis, Nudeln oder Kartoffeln nicht abends in Fett braten, sondern in der Mikrowelle aufwärmen oder mit etwas Wasser im Topf erhitzen. Ideal ist der Wok, um Gemüse und

Beilagen gemeinsam anzubraten – mit wenig Fett. Legen Sie sich einen Vorrat von selbst gekochten, eingefrorenen Eintöpfen oder Suppen an. Er hilft, wenn keine Reste übrig sind.

Knabbern auf dem Sofa

Oft deuten wir abends unsere Müdigkeit als Süßhunger oder wir essen aus Langeweile. Für unsere Gesundheit wäre es nun geeigneter, eine kurze Auszeit an der frischen Luft oder einem weit geöffneten Fenster zu nehmen. Das lenkt nicht nur ab, es erfrischt und tut gut. Auch die bereits angebrochene Tafel Schokolade, die noch vom Vorabend auf dem Tisch liegt, verführt uns zum Zugreifen. Lagern Sie Süßigkeiten und Knabbersachen – wenn überhaupt – in Schubladen oder Schränken, so dass Sie sie nicht stets vor Augen haben und weniger leicht in Versuchung geraten.

Putzen Sie sich nach dem Abendessen Ihre Zähne. Der frische Zahnpastageschmack neutralisiert den Hunger auf Süßes. Essen Sie niemals vor dem Fernseher oder dem PC. Sie sind abgelenkt und haben keine Kontrolle darüber, wie oft Sie bereits zugegriffen haben – und plötzlich ist die Tüte Chips leer und Sie wundern sich. Wenn Sie Hunger auf Süßes haben, greifen Sie zu Bitterschokolade. Denn ihre Inhaltsstoffe halten den Blutzuckerspiegel konstanter. Sie hat einen hohen Kakaoanteil, der glücklich macht. Und doch Vorsicht, denn sie enthält natürlich trotzdem viele Kalorien. Statt Chips wählen Sie Salzstangen, diese haben weniger Kalorien und Fett. Am einfachsten ist es auch hier, Süßigkeiten gar nicht erst einzukaufen. Was nicht da ist, kann Sie auch nicht verführen. Schnippeln Sie sich lieber für den gemütlichen Sofaabend Gemüsesticks aus Möhren, Paprika oder Staudensellerie. Kombiniert mit einem Dip aus Magerquark und Kräutern ist dies ein gesunder, kalorienärmerer Knabberspaß.

Bewegung

Neben einer gesunden Ernährungsweise bringen Sie mehr Bewegung in Ihren Alltag. Auch die hilft, Kalorien abzubauen. Außerdem hält sie unsere Gelenke und Muskulatur fit. Nehmen Sie die Treppe statt des Aufzugs. Gehen Sie zu Fuß oder fahren mit dem Fahrrad statt mit dem Auto. Steigen Sie eine Station früher aus Bahn und Bus aus, so dass Sie noch ein Stück zu Fuß gehen können. Parken Sie Ihr Auto etwas weiter weg von Ihrem Ziel.

Machen Sie mittags einen kleinen, strammen Spaziergang. Das vertreibt die Mittagsmüdigkeit. Morgens eignen sich als fitter Start in den Tag einige Gymnastikübungen, 5 bis 10 Minuten. Motivierender ist es, Sport gemeinsam mit anderen zu machen. Verabreden Sie sich zu Sportarten wie Walking, Joggen, Fitness, Schwimmen oder Radfahren. Es gibt viele Vereine, Bildungsträger oder andere Einrichtungen, die Sportarten für Gruppen anbieten. Wichtig beim Sport ist es,

dass Sie vorher ein Glas Mineralwasser oder ungesüßten Früchtetee trinken, denn durch den Sport verlieren Sie Flüssigkeit. Auch während und nach dem Sport sollten Sie mäßig aber regelmäßig trinken. Sporteln Sie nicht unmittelbar nach einer Mahlzeit, sondern warten Sie ein bis zwei Stunden.

Schlanke Tipps & Tricks

Essen Sie langsam. Das schafft nicht nur mehr Genuss. Das Sättigungsgefühl tritt erst nach etwa 15 bis 20 Minuten ein. Bei schnellem Esstempo wird das Sättigungsgefühl „überholt" und nicht wahrgenommen. Sie füllen eine viel zu große Menge in sich hinein, da das Sättigungsgefühl noch nicht eingetreten ist.

Achten Sie auf das Essen zwischendurch. Schreiben Sie mal eine Woche lang nur das auf, was Sie zwischen und nach den drei Hauptmahlzeiten „naschen" – Sie werden erstaunt sein, was da alles zusammenkommt!

Oft dient Essen als Trost, als Beruhigung, oder wir essen aus Langeweile. Sie müssen andere Wege für Ihren Frust-, Angst- und Stressabbau finden. In psychisch belastenden Situationen wird auch ohne Hunger das Bedürfnis zu essen gestillt. Doch die stressauslösende Ursache ist hiermit nicht gelöst und so sind Trost und Beruhigung nur von kurzer Dauer.

Auch Ihr Wissen über die richtige Ernährung, Kalorienanzahlen, Zubereitungsweisen und Bewegungsprogramme hilft hier wenig weiter. Finden Sie Alternativen zum Essen, die sofort stattdessen ein- und umsetzbar sind. Zum Beispiel könnten Sie ein entspannendes Bad nehmen, Entspannungsmusik hören, Ihre Lieblings-musik einschalten, zu kreativen und künstlerischen Handarbeiten greifen, etwas Gymnastik machen, ein schönes Buch lesen, eine Kerze mit Duftöl anzünden, Ihr Fahrrad nehmen und eine Runde drehen, aufschreiben, was Sie belastet oder eine gute Freundin anrufen und mit ihr Ihre Stresssituation besprechen.

Eine tiefe, langsame und bewusste Atmung ist wunderbar gegen jede Form von Stress. Lernen Sie für einen langfristigen Frust- und Stressabbau eine Entspannungstechnik, wie das Autogene Training, und widmen Sie sich dreimal die Woche für 30 bis 45 Minuten einer Ausdauersportart. All dies sind gute Mittel für eine emotionale Ausgeglichenheit, für Entspannung und damit für mehr Lebensfreude. Und es beeinflusst nicht nur die körperliche Gesundheit und Fitness, sondern auch die emotionale Grundstimmung im Alltag. Halten Sie kalorienarme, gesunde Helfer wie Obst und Gemüse für stressige Situationen bereit.

Machen Sie eine gesunde Ernährung zur Gewohnheit. Am Anfang ist es noch neu und ungewohnt und braucht daher mehr Mühe und Aufmerksam-keit als das alte Essmuster. Gewohnheiten brauchen Zeit und Geduld, um sich zu entwik-keln. Gerne wird bei Frust auf das alte, schlechte, aber bewährte Verhalten zurückgegriffen. Doch wenn

das Neue im Alltag gut integriert ist und eine zeitlang trainiert wird, wird es zur Gewohnheit, über die Sie schließlich nicht mehr nachdenken müssen und die Ihnen dann keine Energien mehr raubt. Stellen Sie das Positive Ihrer neuen Ernährungsweise in den Vordergrund – Gesundheit, Spaß am Zubereiten, Genuss, bewusstes Genießen und nicht Verzicht oder Verbote.

Wichtige Adressen im Ernährungsbereich

Organisationen:

Deutsche Gesellschaft für Ernährung (DGE) e. V.
Status: Eingetragener Verein mit staatlicher Förderung
Godesberger Allee 18
53175 Bonn
Telefon: 0228-3776-600
Telefax: 0228-3776-800
Internet: http://www.dge.de
E-Mail: webmaster@dge.de

**aid infodienst
Verbraucherschutz, Ernährung, Landwirtschaft e. V.**
Status: Eingetragener Verein mit staatlicher Förderung
Friedrich-Ebert-Straße 3
53177 Bonn
Telefon: 0228-8499-0
Telefax: 0228-84992163
Internet: http://www.aid.de
E-Mail: aid@aid.de

Bundesamt für Verbraucherschutz und Lebensmittelsicherheit (BVL)
Status: Bundesamt
Rochusstraße 65
53123 Bonn
Telefon: 0228-61980
Telefax: 0228-6198120
Internet: http://www.bvl.bund.de
E-Mail: poststelle@bvl.bund.de

Bundesforschungsanstalt für Ernährung und Lebensmittel
Status: Bundeseinrichtung
Haid-und-Neu-Straße 9
76131 Karlsruhe
Telefon: 0721-6625200
Telefax: 0721-6625111
Internet: http://www.bfel.de
E-Mail: info@bfeld.de

Bundesinstitut für Risikobewertung
Status: Bundeseinrichtung
Thielalle 88 bis 92
14195 Berlin
Telefon: 01888-4124300
Telefax: 01888-4124970
Internet: http://www.bfr.bund.de
E-Mail: info@bfr.bund.de

Bundesministerium für Ernährung, Landwirtschaft und Verbraucherschutz (BMELV)
Status: Bundesministerium
Rochusstraße 1
53123 Bonn
Telefon: 0228-5290
Telefax: 0228-5294262

Wilhelmstraße 54
10117 Berlin
Telefon: 030-20060
Telefax: 030-20064262
Internet: http://www.bmelv.de
E-Mail: info@bmelv.bund.de

Deutsches Institut für Ernährungsforschung Potsdam-Rehbrücke (DIFE)
Status: Stiftung öffentlichen Rechts
Arthur-Scheunert-Allee 114 bis 116

14558 Nuthetal
Telefon: 033-200880
Telefax: 033-20088444
Internet: http://www.dife.de
E-Mail: info@dife.de

Bundeszentrale für gesundheitliche Aufklärung (BzgA)
Status: Bundeseinrichtung
Ostmerheimer Straße 220
51109 Köln
Telefon: 0221-89920
Telefax: 0221-8992300
Internet: http://www.bzga.de
E-Mail: info@bzga.de

Forschungsinstitut für Kinderernährung e. V.
Status: Eingetragener Verein
mit staatlicher Förderung
Hainstück 11
44225 Dortmund
Telefon: 0231-7922100
Telefax: 0231-711581
Internet:
http://www.interface-medien.de
E-Mail: fke@fke-do.de

Internet-Adressen:

www.imedo.de

das größte Gesundheitsportal im Internet

www.dkgd.de

Deutsches Kompetenzzentrum
Gesundheitsförderung und Diätetik e.V.

www.almutcarlitscheck.de
Entspannungspädagogin und
psychologische Beraterin

www.finde-deine-diaet.de

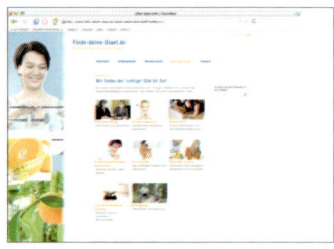

www.muellerdiaet.de
Abnehmprogramm von
Sven-David Müller

www.aid.de
Internetseite rund um die Ernährung,
Lebensmittel und eine gesunde
Ernährungsweise

www.dge.de
Internetseite der Deutschen
Gesellschaft für Ernährung (DGE) e. V.
rund um eine gesunde
Ernährungsweise

www.svendavidmueller.de
Diät- und Ernährungsberatung – viele
Links zu wichtigen Organisationen im
Ernährungsbereich

www.vdd.de
Internetseite des Berufsverbandes der
Diätassistenten in Deutschland (VDD)
e. V.

www.vdoe.de

Internetseite des Berufsverbandes der
Ernährungswissenschaftler
(Oecotrophologen) in Deutschland

www.bdem.de

Internetseite des Berufsverbandes der
Ernährungsmediziner in Deutschland
(BDEM) e. V.

www.cma.de
Internetseite der Centralen
Marketinggesellschaft der Deutschen
Agrarwirtschaft mbH – Lobby der
Agrarwirtschaft in Deutschland

**www.deutsche-adipositas-gesell-
schaft.de**
Internetseite der Deutschen Adipositas
Gesellschaft (DAG) e. V.

www.verbraucherzentrale.de
Internetseite der Verbraucherzentrale
Bundesverband e. V.

www.bzga.de
Internetseite der Bundeszentrale für
Gesundheitliche Aufklärung (BZGA) –
Informationen über eine gesunde
Ernährungsweise

www.ernaehrung–und–bewegung.de
Internetseite der Plattform Ernährung
und Bewegung (PEP) e. V. –
Informationen über gesunde
Gewichtsreduktion

www.ernaehrungs-umschau.de

Internetseite der Ernährungsumschau
– bekannteste Ernährungsfachzeitschrift in Deutschland

Buchempfehlungen:

Glück – so genießen Sie jeden Tag
Schlütersche
Verlagsgesellschaft
Almut Carlitscheck,
Sven-David Müller
120 Seiten
ISBN 97803899935486
12,90 Euro

Die Müller-Diät
Schlütersche
Verlagsanstalt,
Sven-David Müller,
ISBN 3899935047
12,90 Euro

Das Kalorien-Nährwert-Lexikon
Schlütersche
Verlagsanstalt
Katrin Raschke und
Sven-David Müller
ca. 204 Seiten
ISBN 3899935098
12,90 Euro

Die Turbo-Bikinidiät
Schlütersche
Verlagsgesellschaft
Sven-David Müller
84 Seiten
ISBN 9783899935509
10,90 Euro

Kalorien-Ampel
Knaur Verlag
Sven-David Müller
ISBN 3426643162
9,95 Euro

Diese Broschüren können beim Horn-Verlag bestellt werden:

Fit statt fett
Horn Verlag,
Sven-David Müller
36 Seiten

Richtig essen und trinken für Fitnessbewußte
Horn Verlag,
Sven-David Müller
56 Seiten

Kalorien-Nährwert-Tabelle
Horn Verlag,
Sven-David Müller
36 Seiten

Ess- und Trinktagebuch
Horn Verlag,
Sven-David Müller
36 Seiten

Die Preisstaffelungen für die Broschüren vom Horn-Verlag entnehmen Sie unter:
http://www.horn-verlag.de/ernaehrungbroschuere.html

Herausgeber:

Deutsches Kompetenzzentrum Gesundheitsförderung und Diätetik e.V., c/o: Dipl. theol. Mareike Carlitscheck, Adolphstraße 3, 50679 Köln-Deutz.

Impressum:

Verlag und Druck:
Horn Druck & Verlag, Stegwiesenstr. 6-10, 76646 Bruchsal info@horn-verlag.de

Autoren:
Almut Carlitscheck, Sven-David Müller, Hubert Horn

Lektorat:
Mareike Carlitscheck

Satz und Gestaltung:
Jörg Hill

Bildquellen:
www.fotolia.com

Autoreninfo:

Almut Calitscheck, geb. am 29.Mai 1979 in Köln studierte an der Universität in Köln Erziehungswissenschaften mit den Schwerpunkten Kommunikation, Erwachsenenbildung und Psychologie. Ihre Diplomarbeit widmete sie der Fragestellung, ob die Entwicklung des Selbst Vorraussetzung oder Hindernis einer Begegnung mit anderen Menschen ist. Am Institut für angewandte Psychosynthese in Bergisch-Gladbach absolvierte sie die Ausbildung zur Psychologischen Beraterin. Frau Carlitschek leitet in Berlin eine Praxis für psychologische Beratung, bietet als Entspannungspädagogin auch Kurse hierzu an. Sie engagiert sich im Vorstand des Deutschen Kompetenzzentrum Gesundheitsförderung und Diätetik e.V. (www.dkgd.de). Mehr Informationen finden Sie unter: www.almutcarlitscheck.de

Sven-David Müller, geb. am 13. September 1969 in Braunschweig absolvierte an der Diätlehranstalt in Bad Hersfeld die Ausbildung zum staatlich geprüften Diätassistent. Er war zehn Jahre als Diätassistent und Diabetesberater der Deutschen Diabetes Gesellschaft an der Universität Aachen tätig. Seit dieser Zeit beschäftigt er sich wissenschaftlich mit den Folgen der Fehlernährung und veröffentlichte seine Erkenntnisse und Studienergebnisse in zahlreichen nationalen und internationalen Fachzeitschriften. Er ist Autor zahlreicher Publikationen und Bücher im Bereich gesunde Ernährungsweise, nutritive Medizin und Diätetik. Heute leitet er das Zentrum für Ernährungskommunikation, Diätberatung und Gesundheitspublizistik (ZEK). Er engagiert sich als erster Vorsitzender des Deutschen Kompetenzzentrum Gesundheitsförderung und Diätetik e.V. (www.dkgd.de). 2005 erhielt er für seinen ehrenamtlichen Einsatz in der Ernährungsaufklärung das Bundesverdienstkreuz. Er ist Entwickler der Müller-Diät. Mehr Inforrmationen finden Sie unter: www.svendavidmueller.de oder www.muellerdiaet.de.

Hubert Horn – geb. 21. März 1947 in Bruchsal ist Geschäftsführer der horn group, einer Unternehmensgruppe der Fitness- und Gesundheitsbranche.

Seit mehr als 30 Jahre ist er in der Branche tätig und entwickelte u.a. erfolgreiche Fitness- und Gesundheits-Konzepte. Zu seinen Unternehmen gehören Horn Druck & Verlag, spezialisiert auf Lehrmaterialien, Bücher und Werbekampagnen für die Fitnessbranche. Die SAFS & BETA, Ausbildungs-Akademie für die Fitness-, Wellness- & Gesundheitsbranche führt mehr als 800 Ausbildungen pro Jahr durch. Hubert Horn ist Chefredakteur und Herausgeber des Fachmagazins Bodymedia für die Fitness- und Wellnessbranche.

Rezeptverzeichnis

Frühstück

Bananen-Apfel-Joghurt 104

Bananen-Schokomüsli 106

Birnenmüsli 138

Beerenmüsli mit Buttermilch 140

Blutorangen-Kiwi-Salat 110

Cornflakes mit Apfel 132

Cornflakes mit Himbeeren 137

Edelschimmelkäse –Schwarzbrot mit Dörrobst 96

Erdbeeren mit Joghurt 133

Gurkenquark-Brötchen mit Melonenshake 108

Hüttenknäcke mit Cocktailtomaten 110

Krabbencreme und Pflaumenmus auf Vollkornbrötchen 134

Vollkornbrot mit Himbeerkonfitüre und Honig 136

Vollkornbrötchen mit Banane und Camembert 141

Müslibrötchen mit Apfel-Möhren-Aufstrich 88

Müslibrötchen mit Lindenberger 102

Nektarinenbrötchen mit Himbeerkonfitüre 139

Obstflakes 112

Obstkombination mit Flakes 86

Obstsalat mit Haferflocken 142

Orangen-Hüttenkäse-Creme Vollkornbrot 131

Quark-Apfel-Müsli 126

Sattmacher Frühstück 84

Sattmacher Frühstück 2 92

Schinkenomelette 94

Sonntags-Lachsfrühstück 123

Südsee-Fruchtcocktail mit Kokosraspeln 90

Schinkenbrötchen 100

Vollkornbrötchen mit Himbeerquark 117

Vollkornbrötchen mit selbstgemachtem Kräuterquark 128

Joghurtmüsli mit Erbeeren 118

Süße und deftige Brote 120

Müsli mit Kefir und Banane 121

Mittagessen

Apfelleber mit Kartoffelpüree 86

Backkartoffel mit Krabbendip 141

Buchweizenbratling mit Sesamkartoffeln und Blumenkohlrohkost 90

Champignon-Auflauf mit Pellkartoffeln 133

Champignons gefüllt mit Kartoffelgratin und Bleichsellerierohkost 100

Chinesische Reispfanne mit süßer Soße 97

Feldsalat mit Nussdressing 140

Fischragout Helgoland mit Reis 104

Fischroulade gefüllt in Senf-Dillsoße und Petersilienreis 108

Gemüse-Kartoffel-Topf 126

Gemüselasagne mit Endiviensalat 88

Gemüsepfanne mit Schinken und Tomaten 142

Gemüsereispfanne mit Tomatensoße und Kohlrabirohkost 110

Gemüse-Spaghetti 121

Germknödel mit Vanillesoße und Pflaumenkompott 94

Gerstenplätzchen mit Kartoffeln und Blattsalat 106

Gedünsteter Fisch mit Gemüse und überbackenen Pellkartoffeln 117

Grüne Bohnensuppe mit Würstchen 118

Hähnchenbrust in Orangensoße, Broccoli mit Mandelblättchen 134

Hähnchenbrustfilet gebraten, Kräuterreis 136

Kabeljau mit Senfsoße und Kohlrabigemüse 128

Kartoffelbrei mit Spinat und Spiegelei 120

Kidney-Bohnen-Eintopf 132

Leingemüsequark mit Pellkartoffeln 137

Linsensuppe und Erdbeerquark 115

Nudelpfanne mit Tomatensoße 92

Pellkartoffeln mit Paprikagemüse 114

Pellkartoffeln mit Champignongemüse 129

Pikantes Gemüse mit Pellkartoffeln 131

Polentaschnitte mit mexikanischer Gemüsesoße und Maiskolben 112

Rinderfilet mit Zwiebeln und Tomaten und Pellkartoffeln 123

Schweinefilet mit Ananas und Möhren und asiatischem Gemüse 139

Tomaten-Zucchini-Feldsalat mit Nussdressing 138

Weißkrautroulade mit Kartoffeln 102

Zucchini- Schiffchen gefüllt mit Tomatenreis 84

Abendessen

Apfel-Möhren-Rohkost mit Joghurtsoße 121

Bunter Rohkostsalat 127

Feldsalat mit Schinken und Sellerierohkost 111

Fenchel-Apfel-Rohkost 141

Floridasalat 103

Forellenfilet, Endiviensalat mit Walnussdressing und Himbeeren 135

Frischkäse und Paprika- Vollkornbrote 136

Gemüse-Nudelsalat 132

Gurkensalat 124

Gemüsepizza mit Feldsalat 97

Griechischer Bauernsalat 109

Leinsamenvollkornbrote 116

Eisbergsalat mit Orangenfilets 118

Kartoffelsalat mit Kohlrabibrot 85

Käsebrote pikant 139

Kohlrabi-Apfel-Rohkost mit Buttermilchdressing 129

Linsenpaste 142

Melonenschiffchen mit Lachsschinken 89

Mozzarella-Tomatensalat 93

Paprika-Käseaufstrich mit Fenchelrohkost 87

Paprika-Möhren-Rohkost mit Quark-Zwiebeldressing 140

Pellkartoffeln überbacken mit gedünstetem Fisch und Gemüse 117

Pikanter Salat mit Edamer-Vollkornbrot 137

Pumpernickel mit herzhafter Linsenpaste 91

Pikante Brote 119

Pumpernickel mit Hirseaustrich 95

Rettichsalat 131

Rukolasalat mit Tomaten 130

Salatteller und Rhabarber mit Vanille-Zimtaroma 105

Sauerkraut-Apfelsalat 122

Sauerkraut-Salat mit Weintrauben 143

Schafskäsecreme auf Sonnenblumenbrot mit Chicoréesalat 101

Spargel-Schinkenröllchen- Vollkornbrot 113

Tomaten-Gurkensalat mit Frühlingszwiebeln 134

Tomatensalat mit Feta 114

Tzaziki auf Vollkornbrot 107

Zwischenmahlzeiten

Ballaststoffmüsli 102

Beerenmischung mit Joghurthäubchen 108

Erdbeermix 110

Exotischer Obstspieß 100

Gemüsesticks mit peppigem Dip 86

Grießschnitte mit Fruchtgrütze 96

Knäckebrot mit Hüttenkäse und Pfirsich 94

Knusper-Knäcke mit Camembert 84

Melonen Dickmilch 88

Obstsalat 92

Pumpernickel mit Sauerkraut 106

Quark-Beerengrütze 104

Schnittlauchbrot 112

Tomaten-Gurken-Kaltschale 90

Erdbeeren mit Joghurtsoße 117

40 schlanke Rezepte

Apfelcarpaccio mit Sauermilchkäse-Vinaigrette 146

Asiatische Nudelsuppe 186

Auberginen-Häppchen 175

Broccolisuppe mit Krabben 147

Carpaccio vom Käse 149

Curry-Geschnetzeltes 172

Geflügel-Nudel-Suppe 151

Gemüse-Nudel-Auflauf 178

Handkäs mit Musik 156

Harzer Rollo Italiano 157

Harzer Soufflée 162

Harzer-Gratin mit Tymianhackfleisch 174

Hot-Tacco Salat mit Kochkäse-Dip 158

Kartoffel-Gemüse-Gratin 163

Feuriger Kartoffel-Käse-Salat 154

Käse-Frucht-Salat 159

Käse-Lauch-Pfanne 160

Käse-Pfannkuchen „Puszta" 180

Kefirrezepte 181

Kürbis-Käse-Suppe mit Ingwer 152

Lasagne Mediterran 164

Lauchcrèmesuppe mit Käsekruste 153

Nudelpfanne mit Shrimps 176

Nudeltopf 171

Nudelwok mit Gemüse und Putenfleisch 177

Pfirsich – Tarte 182

Rosenkohl-Kassler-Auflauf 166

Rote Linsen Provencale 167

Salat Vitamina mit Radieschensprossen 161

Sellerie-Küchle mit buntem Pfannengemüse 169

Spinatauflauf mit Schinken und Nudeln 170

Spinat-Chili-Spätzle 168

Spiralnudeln-Gratin mit Erbsen und Schinken 173

Süße Bandnudeln mit Birnen-Pflaumen-Kompott 183

Tiramisu 184

Tomatensuppe Toscana 148

Vienenburger Pfannkuchen 185

Wrap mit Harzer 179

Zucchini gefüllt 155